KB251981

예배와 삶의 일치

데이브 드라베키

데이브 드라베키

루이스 부부 지음
박 가 영 옮김

비전북출판사

예배와 삶의 일치

복음에는 하나님의 의가 나타나서

믿음으로 믿음에 이르게 하나니; 기록된바,

"오직 의인은 믿음으로 말미암아 살리라" 함과 같으니라.

로마서 1 : 17

데이브 드라베키

1판 1쇄 인쇄 : 2004년 3월 20일
1판 1쇄 발행 : 2004년 4월 10일

저　자 : 루이스 부부
역　자 : 박가영
발행인 : 이원우 　/ 　발행처 : **비전북출판사**
주　소 : (411-834) 경기도 고양시 일산구 장항동 585-2호
전　화 : (02)966-3090 　/ 　팩　스 : (02)3293-6620

E-mail : vsbook@hanmail.net
등록번호 : 제10-1452호

공급인 : 박종태 　/ 　공급처 : **비전북**
전　화 : (031)907-3927 　/ 　팩　스 : (080)403-1004

Copyright ⓒ 2004 **비전북출판사** Printed in Korea
값 4,000원

ISBN 89-5750-006-5　03230

TODAY'S HEROES

Dave Dravecky

by

Gregg & Deborah Shaw Lewis

[차례] CONTENTS

1

그 시절, 뒷마당에서
아버지와 공놀이를 하던
어린 시절에 바로 데이브 드라베키의
꿈은 시작되었습니다.

꿈의 시작

매일 드라베키Dravecky 씨는 땀 냄새와 기계 기름 냄새를 풍기면서 일터에서 집으로 돌아오곤 했습니다. 바지는 그 날의 일거리로 더러워져 있었고, 손톱은 때가 끼어 시커맸습니다. 그의 어린 아들 데이브는 아버지가 손에서 기름을 씻어내는 것을 바라보면서 정말 큰손이라고, 정말 크고 강한 손이라고 생각하곤 했습니다.

데이브Dave는 말합니다. "한창 커 가는 꼬마였을 적에, 전 뭐든지 고쳐내는 그런 손을 가지고 있는 아버지가 무척 믿음직스러웠습니다. 그리고 아버지는 저녁 때, 아무리 피곤에 지쳐 돌아오시더라도 저와 공놀이 할 여유는 남겨두곤 하셨

죠. 뒷마당에서 그 큰 손을 야구 캐처용 글러브에 넣고 아버지는 공을 제대로 쥐지도 못하는 7살짜리 꼬마인 저와 놀아주셨습니다. 쭈그리고 앉아서 글러브에 주먹을 팡팡 치고 제가 던지는 공을 받기 위해 동 그렇게 모양을 만들던 아버지 모습이 기억납니다. 너무 어두워져서 아무 것도 보이지 않을 때까지 한 적도 종종 있었는데, 그래도 저는 그 시간이 끝나지 않기를 바라며 더 하자고 졸랐었죠!"

그 시절, 뒷마당에서 아버지와 공놀이를 하던 어린 시절에 바로 데이브 드라베키의 꿈은 시작되었습니다.

얼마 지나지 않아서 드라베키의 집 뒷마당은 근처 어린이들이 놀러오곤 하는 야구 경기장이 되었습니다. 그들은 베이스로 사용되는 나무들 사이에 선을 긋고, 집 쪽으로 파울볼을 날리고, 울타리가 없는 옆집 마당으로 홈런을 때렸습니다.

데이브는 말합니다. "아버지가 처음 글러브를 끼고 저와 공놀이를 한 이후로 뒷마당의 의미는 완전히 달라졌고, 그건 저 역시 마찬가지였습니다."

  데이브 드라베키

플레이 볼!

야구를 향한 데이브의 열정은 부모님으로서는 그리 놀라운 것도 아니었습니다. 어머니가 아기 데이브에게서 최초로 들은 말은 "공"이었습니다.

춥고 눈이 많이 오는 오하이오주의 겨울 동안 어린 데이브는 거실 바닥에 앉아 테니스 공을 벽돌로 만든 벽난로에 퉁기며 시간을 보내면서, 밖으로 나가 야구를 할 수 있는 봄이 오기를 기다리곤 했습니다. 일단 오하오주에 따뜻한 봄이 오고 눈이 녹기 시작하면, 데이브는 언제 어디서든지 친구들과 야구 경기를 할 수 있도록 늘 야구공과 글러브를 팔에 끼고 다녔습니다.

리틀 리그Little League, 포니 리그Pony League, 콜트 리그
Colt League(미국의 어린이들을 위한 야구 리그 – 역자) 같은
정식 야구 경기에 참가하게 된 이후에도, 이웃 친구들이나
형제들과 함께 뒷마당, 빈터 등에서 벌이는 경기들은 오랫동
안 계속되었습니다. 데이브는 그들과 경기를 했고 그들 모두
를 사랑했습니다. 동생들인 리키Ricky, 프랭키Frankie, 조이
Joey가 함께 경기를 했으며 아버지가 종종 팀의 감독을 맡아
주었습니다.

야구는 드라베키 가족의 생활에 중요한 부분을 차지했습니
다. 야구를 하지 않는 동안은 가족들 모두 거실의 흑백 TV
둘레에 모여서 클리블랜드 인디언즈팀을 응원했습니다. 때때
로 피츠버그 파이어리츠팀 소속으로 마이너리그에서 활동 중
인 데이브의 삼촌 앤디Andy가 들러서 함께 중계를 보곤 했
습니다. 드라베키 집안에는 마치 야구 선수의 피가 흐르고
있는 것 같았습니다.

분명 이들에게는 상당히 짓궂은 면도 있었습니다. 드라베
키의 아이들은 말썽을 많이 부렸습니다.

한 번은 드라베키 부부가 저녁 외출 동안에 네 아이들을
돌보기 위해서 보모를 고용했습니다. 데이브는 10살이었고,
동생 리키는 9살, 프랭키는 7살, 조이는 6살이었는데, 네 아

 데이브 드라베키

이들은 이 보모를 어떻게 곯려줄까라는 문제를 두고 머리를 맞댔습니다.

그들이 택한 방법은 발가벗고서 소리를 지르면서 집안 곳곳을 뛰어다니는 것이었습니다. 보모는 소리 지르며 집안을 뛰어다니는 네 벌거숭이 아이들을 앞에 두고 어쩔 줄을 몰랐습니다. 하지만 아이들이 문을 열고 밖으로 뛰어 나가는 상황이 되자, 그녀는 완전히 공포에 질려서 그들을 잡으려고 마당을 쫓아다녔고, 소년들은 흩어져 달아나면서 미친 듯이 웃어댔습니다.

보모에게 아주 본때를 보여 준 것입니다! (그것도 여러 가지 의미에서 말이지요.) 그 불쌍한 보모가 다시는 그들을 돌보지 않겠다고 거절했기 때문에 아이들은 부모를 곤경에 빠뜨리는 데도 성공한 셈이 되었습니다.

데이브와 동생들은 정말로 말썽꾸러기들이었습니다. 형제들이 흔히 그렇듯 때때로 자기들끼리 싸우기도 했습니다. 하지만 이웃 아이들이 드라베키 형제들 중 하나를 건드리면 나머지 셋과도 맞설 각오를 해야만 했지요.

하루는 프랭키가 집 건너편 마당에서 싸움이 붙었습니다. 그 소란을 본 리키가 곧장 동생을 도우러 달려왔습니다. 리키는 싸움에 끼여들어 결국 상대방 소년의 팔을 부러뜨리고 말았습니다. 그는 나중에 미안해했지만 누가 자기 동생을 때리는 걸 그냥 두고 볼 수가 없었던 것입니다.

또 한 번은 데이브가 저학년일 때, 학교 버스를 기다리다가 친구와 가볍게 싸움을 했습니다. 둘은 상대방을 실제로 다치게 할 생각은 없었기 때문에 싸운다기보다는 그저 서로 몸을 슬슬 차면서 꾸물대고 있었습니다. 그러나 데이브 친구의 형이 그들을 보고 자신의 동생을 지키기 위해 달려왔습니다. 그는 데이브의 뒷머리를 낚아채고는 얼굴 쪽을 벽돌로 된 벽에 밀쳤습니다. 데이브는 결국 이가 부러지고 말았습니다.

오하이오주 보드맨에서 형제들에 대한 신의는 성장 과정의 일부였습니다. 영스타운 외곽의 보드맨은 바로 데이브와 그의 형제들이 자라난 곳이었죠. 그들이 어린 시절을 보낸 집은 지금도 데이브 부모님의 소유로 남아 있습니다. 집 뒷마당은 밀크리크 공원이 끝나는 지점이었습니다. 바로 그 곳에서 드라베키 가정의 아이들은 숲 속에서 하이킹을 하고, 요새를 만들고, 나무를 타고, 나뭇가지에 앉아 몇 시간이고 친구들과 이야기를 나눴습니다.

겨울이면 소년들은 목에 스케이트를 걸고 얼음으로 덮인

 데이브 드라베키

시냇물 위에 놓인 통나무를 건너며 놀았고 아이스하키를 하러 꽁꽁 얼어붙은 호수로 올라갔습니다. "소년들"이란 드라베키 가정의 아이들뿐만 아니라 데이브가 사는 마을의 25명가량의 동네 녀석들까지 포함해서 하는 말입니다. 모두 좋은 친구들이었지요.

데이브는 친구들과 자전거를 타고 밀크리크 공원을 25km 정도 횡단하여, 집 근처에서 출발해 공원의 가장 먼 곳인 영스타운 근처까지 갔다가 돌아왔던 일을 회상합니다. 이 소년들은 미식축구와 야구 경기를 수도 없이 함께 했습니다. 봄, 여름, 가을, 겨울 계절을 가리지 않고 개구쟁이 아이들은 저녁 식사 종이 울리거나 어머니가 부를 때까지 밖에서 놀곤 했습니다.

매서운 겨울 날씨인 경우 외에 데이브가 집 안에서 보내는 유일한 시간은(잠자는 시간을 제외한다면) 만화를 보고 시리얼 아침식사를 하는 토요일 아침뿐이었습니다. 그리고 친구들이 밖에 모여드는 소리가 들려오면 뛰어나가서 하루 종일 공놀이를 했습니다.

데이브의 친한 친구 중에 마이크 베레조라는 소년이 있었습니다. 야구라면 누구에게도 뒤지지 않았던 두 소년은 각각 리틀 리그의 다른 팀에 속해 있었습니다.

데이브가 열 두어 살 되던 무렵인 어느 날, 두 팀이 맞붙게 되었습니다. 데이브가 투수를 맡았는데 타자를 아무도 내보내지 않은 상황에서 마이크가 방망이를 잡았습니다. 친구와 친구가 대결하는 순간이었습니다. 그동안 같이 놀았기 때문에 데이브는 마이크가 타자석에서 얼마나 잘 치는지 알고 있었습니다. 마이크 또한 데이브의 던지는 실력을 잘 알고 있다는 건 분명했지요.

리틀 리그의 관중들이 지켜보며 열광하는 가운데 데이브는 과연 마이크를 이길 수 있었을까요? 아니면 마이크가 데이브의 무안타 기록을 끝내버렸을까요?

데이브는 심호흡을 하고 최선을 다해 공을 던졌습니다. 마

 데이브 드라베키

이크가 때린 공이 유격수 쪽으로 똑바로 뻗었습니다. 그러나 공은 내야수의 다리 사이로 빠졌고, 마이크는 1루를 밟았습니다.

데이브는 계속해서 다른 타자들을 잠재웠고, 결국 그의 팀이 승리를 거두었습니다. 그리고 마이크가 친 공은 안타가 아니라 실책으로 기록되었습니다. 두 친구는 이후 몇 달 동안이나, 내가 안타를 쳤느니 내가 무안타 기록을 세웠느니 하면서 다투었습니다.

데이브와 그 형제들은 공놀이와 싸움으로 하루를 다 보내는 것처럼 보일 정도였습니다. 데이브의 부모님이 이 말썽꾸러기 아이들을 교회에 데리고 나갈 결심을 한 것은 그런 이유에서일지도 모릅니다. 가족은 매주 일요일 예배에 참석했습니다.

데이브는 여러 해 동안 교회에서 활동을 했습니다. 그는 매 주일 목사님이 하시는 말을 들었으며, 여러 성경 말씀을 암송할 수 있었습니다. "저는 어릴 때부터 하나님을 사랑하고 교회가 성스러운 장소라는 것을 이해했습니다."

데이브는 말합니다.

"어느 주일 예배가 끝난 후, 하나님께서 저를 정말 사랑하시며 저의 삶에 특별한 일을 준비하고 계신다는 확신이 들었던 순간도 기억이 납니다.”

데이브와 형제들은 주중에는 그 지역의 세인트찰스초등학교에서 추가적인 신앙 교육을 받았습니다. 그는 학교 공부에 흥미가 있어서 성적이 좋았습니다. 물론 학교생활 중 데이브가 가장 좋아한 것은 친구들과 공놀이를 할 수 있는 쉬는 시간이었지요.

규칙이라도 되는 것처럼 데이브는 어디에 가든 경기를 할 수 있도록 한두 종류의 공을 들고 다녔습니다. 하루는 그가 교실에서 말썽을 좀 피워 선생님의 지적을 받았습니다. 선생님은 데이브가 말대꾸를 하자 그의 책상으로 와서는 농구공을 압수했습니다.

그는 화가 나서 외쳤습니다. 내 농구공이라고! 저렇게 그냥 빼앗아 가버리다니!

어쨌든 공은 선생님에게 넘어갔고 그것에 대해 거칠게 항의를 하다가 데이브는 결국 교장실로 불려가게 되었습니다.

데이브는 학교 스포츠 팀의 스타였기 때문에 세인트찰스초등학교의 선생님들과 학교운영위원회의 임원들 대부분은 그가 잡다한 구기 종목에 열중하는 것에 만족스러워했습니다. 그는 야구뿐만 아니라 농구와 미식축구도 잘 했습니다. 사실 운동 선수로서 데이브가 최초로 스타덤에 오르게 된 곳은 미식축구 경기장이었습니다.

데이브는 8학년(우리 나라 중학교 2학년에 해당 - 역자) 미식축구팀에서 활약했는데 그 시즌에 8학년은 무적의 팀이었고 마침내 마을 안에서 선수권을 겨루게 되었습니다. 세인트찰스학교와 세인트패트릭학교와의 시합이었습니다. 절대 만만히 볼 상대가 아닌, 마을 팀 대 마을 팀의 시합. 온 마을 사람들의 애깃거리가 되는 건 당연했습니다.

그 시합은 결국 아주 유명한 경기로 남게 되었습니다. 치고 받는 그 치열한 경기는 마지막까지 거의 0 대 0 무승부로 끝나는 것처럼 보였습니다. 그러나 경기가 끝날 무렵 세인트찰스학교가 공을 엔드 존end zone(여기 공이 들어가면 득점함 - 역자)에서 30cm 떨어진 곳까지 가져갔습니다. 네 번째 다운(공격)입니다. 끝날 때가 다 되었습니다. 이 상황에서는 필드골을 시도해야 합니다. 풀백이 공을 잡고 뛰라는 의미입니다. 풀백은 바로 데이브였습니다. 그는 쿼터백으로부터 공을 넘겨받아 수많은 선수들을 헤치고 대치 라인까지 나아가다가 땅에 엎어졌습니다.

다른 선수들에게 깔린 상태에서 데이브는 자신이 골라인 바로 위에 넘어졌다는 것을 깨닫고는 공을 앞쪽 엔드 존으로 밀어놓고는 그 자리에 그대로 누워 버렸습니다. 주심이 다른

선수들을 모두 떼어내고는 공의 위치를 보고 터치다운을 선
언했습니다.
　세인트찰스학교가 세인트패트릭학교를 이겼습니다! 그렇게
데이브 드라베키는 전 마을의 영웅이 되었습니다.

뽑혔어요!

오하이오주 근방 고등학교에서 가장 인기 있는 스포츠는 미식축구였습니다. 그래서 데이브의 운동 선수로서의 명성 - 특히 중학교 미식축구에서 보여 준 성공은 그 마을 고등학교의 감독과 팬들의 관심을 끌었습니다. 그들은 드라베키 가정의 그 아이가 자기 팀에서 뛰는 것을 정말 보고 싶어했습니다. 그러나 그 마을 고등학교에는 야구부가 없었기 때문에 데이브는 보드맨 하이 부근의 공립고등학교로 더 마음이 쏠렸습니다.

보드맨고등학교의 미식축구 감독은 데이브가 자기 학교에 등록한 것을 알고 매우 기뻐했습니다. 그러나 데이브가 야구도 하고 싶다고 말하자 감독은, 두 가지 운동을 동시에 하면서 미식축구에 최선을 다하는 것은 불가능할 거라고 충고했습니다. 데이브는 그렇다면 좋다, 야구를 하겠다고 했습니다. 전혀 어려운 선택이 아니었습니다. 미식축구를 좋아하긴 했지만 그가 사랑하고 함께 살아온 야구만큼은 아니었기 때문이죠.

보드맨고등학교의 농구 감독은 미식축구 감독처럼 한 가지 운동만 고집하지 않았기 때문에 데이브는 고등학교 다니는 내내 겨울에는 농구를, 봄부터는 야구를 하며 보냈습니다. 그는 만능 운동 선수였지만 머지않아 데이브 드라베키가 야구 부문에서 가장 두각을 나타낼 것이라는 것이 명백해졌습니다. 왼손잡이 투수는 별로 없었기에 언제나 귀중한 존재였고, 그는 분명 훌륭한 왼손 투수였으니 말입니다.

데이브가 14살인가 15살이 되던 해 어느 여름, 아버지는 그를 클리블랜드로 데려가 메이저리그 야구 경기를 보여 주었습니다. 데니스 에커슬리라는 무명의 젊은 인디언즈팀 투수가 클리블랜드 불펜(구원투수가 워밍업 하는 곳 – 역자)에서 몸을 풀고 있는 것을 보며 프랭크 드라베키 씨는 아들을 돌아보며 물었습니다.

"너도 언젠가 저렇게 될 수 있을 것 같니?"

 데이브 드라베키

데이브는 주저하지 않고 대답했습니다. "예! 할 수 있어요!"

그러나 그 말은 근거 있는 자신감이나 건방진 어린아이의 말이었다기보다는, 단순히 희망을 밝힌 것에 불과했었습니다. 그때를 회상하면서 데이브는 말합니다. "저는 분명히 재능이 있었고 언젠가는 꼭 대학이나 프로 팀에서 뛸 수 있게 되기를 꿈꿨습니다. 하지만 항상 제 능력을 확신했던 건 아닙니다. 네, 오하이오주 영스타운에서는 물론 좋은 선수로 인정받았었죠. 그러나 플로리다, 텍사스, 캘리포니아 등에 저보다 훨씬 뛰어난 또래 아이들이 얼마나 많이 있을까 하는 생각이 절로 들더군요!"

언젠가 그런 아이들과 겨루게 되리라는 비전을 품고, 그는 고교 시절에 공부보다는 운동에 많은 투자를 했습니다. 데이브는 열등한 학생은 아니었지만 야구 경기장에서 보여 준 것만큼의 성적을 교실에서 보여 주지는 못했습니다. 더 높은 수준의 야구를 하려는 목적으로 대학에 가고 싶었던 그는 대학에 갈 수 있을 정도만큼의 성적만 받으면 그저 만족했습니다.

데이브는 교실도 운동장도 아닌 인생의 경기장에서 가장 중요한 교훈들을 배웠습니다. 한 예로 데이브와 동생 리키가 친구 몇 명과 주말 여행을 계획했을 때의 일입니다. 이 캠핑 여행은 야외에서 단순히 즐기는 것이라기보다는 소년들끼리

밖에서 술을 마시는 등 말썽을 좀 피워보려고 계획한 것이었습니다.

반갑지 않은 사고의 시작은 캠프 장소로 가는 동안 숲에서 후진을 할 때, 처음 일어났습니다. 자동차가 흔들리더니 진흙길에서 약간 미끄러져 근처 나무에 부딪혔고, 아버지의 작업용 트럭의 계기판 뒤쪽에 움푹 팬 자국이 생기고 말았습니다. 데이브는 내려서 자국을 살펴보고 '흔히 있는 일이니 아빠는 이해해 주실 거야.' 라고 생각했습니다.

그러나 목적지에 도착하기도 전에 낮게 드리워진 가지에 자동차의 안테나가 걸려서 부러지고 말았습니다. '안테나 정도야 쉽게 교환할 수 있어. 별로 비싸지 않겠지.' 하고 데이브는 스스로를 안심시켰습니다. 그러나 텐트를 치고 나서, 소년들은 캠프 장소 옆의 넓은 공터가 묘기 운전을 시도해 보기에 완벽한 장소라는 생각을 하게 되었습니다. 그래서 데이브는 엔진의 속도를 급하게 높이고 풀밭에서 몇 번의 회전을 했습니다. 그런데 풀의 높이 때문에 풀 사이에 감춰져 보이지 않던 그루터기에 차가 그만 부딪혀서 머플러(자동차의 소음기 – 역자)가 통째로 떨어져 나가버렸습니다.

데이브는 여기 와 있는 동안만이라도, 집에 도착하자마자 쏟아질 아버지의 꾸중을 생각하지 않으려고 애썼습니다. 그

 데이브 드라베키

날 저녁 캠프파이어에 둘러앉아 소년들은 챙겨온 맥주와 포
도주를 마셔댔습니다.

　그러나 결국, 집에 거의 다 와서 데이브와 리키는 이 머플
러가 떨어진 차를 길가에 주차해 버리기로 결심했습니다. 가
족이 친구들과 뒷마당에서 피크닉을 하는 장소 근처에 있는
차고에 넣는 대신 그렇게 하면 흠집이 눈에 잘 뜨이지 않을
것 같아서였지요. 그러나 아이들이 주차 후에 차 엔진을 끄
자마자 아버지가 무슨 소리인가 싶어 집을 돌아서 걸어왔습
니다. 아버지는 몰골이 말이 아닌 자동차를 한번 보고는 두
소년에게 "집으로 들어가라. 당장!" 하고 명령했습니다.

　아버지는 곧 들어와서, 여행 때 무슨 일이 있었는가를 들어
보려고 아이들 앞으로 왔습니다. 데이브는 담담하게 그 세 가
지 "사고"가 일어난 경위를 설명했습니다. 얘기를 듣고 나서,
아버지가 조용히 고개를 끄덕이며 당시 상황을 이해한다고
하셨기 때문에 데이브는 안도의 숨을 쉬었습니다.

　그러나 질문이 끝난 게 아니었습니다.

　"한 가지만 더 묻자. 너희들 술 마셨니?"

　리키를 쳐다보니, 동생은 형이 알아서 거짓말을 해 줬으면
하고 바라고 있는, 아니 기다리고 있는 표정이었습니다. 그
러나 데이브는 아버지를 똑바로 바라보며 말했습니다.

"예, 마셨어요!"

리키는 믿을 수 없다는 표정으로 어떻게 그걸 말할 수 있냐는 듯이 형을 바라보았습니다. 마치 데이브의 머리라도 때려버릴 듯한 기세였습니다.

데이브는 설명합니다. "제가 거짓말 한 것을 아버지가 아시게 되느니 사실대로 말하는 것이 더 낫겠다는 생각이 들었습니다. 그 결정이 옳았어요. 아버지는 제가 사실을 털어놓을 정도로 정직한 태도를 보인 것을 감사한다고 하셨습니다. 우리 형제에겐 벌로 주말 내내 외출금지령이 떨어졌죠. 하지만 아버지는 자동차 걱정은 하지 말라고, 손상 부위가 그리 심각하지 않다고 안심시키셨습니다. 그 경험을 통해 우리가 교훈을 얻었느냐에 아버지는 더욱 관심을 기울이셨으니까요. 저는 진실을 말하는 것의 가치를 그때 분명히 배웠습니다."

고등학교 시절 그 사건을 비롯한 여러 가지 경험을 하며 데이브는 친구들을 지혜롭게 선택하는 것이 얼마나 중요한지 알게 되었습니다. 그는 한 때 음주와 마약 같은 나쁜 선택을 하는 친구들과 어울렸는데 그들 중에는 어릴 적부터 함께 자란 친구들도 있었습니다. 십대로 들어서면서 데이브는 주일학교 성경공부나 매주 교회 나가는 것에 흥미를 잃어갔습니다. 가족이 원하므로 함께 나가는 것 뿐이었습니다. 사람들이 기독교 행사나 기독교인 운동 선수 모임 같은 프로그램에 초청해도 별 관심을 보이지 않았습니다. 영적인 것들은 전혀 매력이 없었습니다.

그러나 그동안 교회에서 보낸 시간들과 부모님의 영향력으로 해서 데이브는 어느새 옳고 그름의 판단력이 갖추어져 있었습니다. 그는 마약을 하는 것이 나쁘다는 걸 알았기에 빠지게 되기를 원하지 않았습니다.

그러나 주말만 되면 친구들은 그에게 마약을 들이댔습니다. 몇몇 친구들은 마리화나를 피우기 시작했고, 마침내는 코카인에까지 손을 대서 그것이 등교 전의 일상사가 되어 버렸습니다. 데이브는 끈질기게 마약을 내보이며 유혹하는 친구들에게 결국 질려서, 다시는 마약을 권유하지 말라고 단호히 말해버렸습니다. 그러는 동시에 새 친구들을 사귀고 그들과 일부러 더 많은 시간을 함께 하려 했습니다.

데이브는 생활의 많은 부분이 스포츠에 집중되어 있었으므로 마약을 하지 않는 다른 운동 선수들과 어울리기로 결심했습니다. 다행히도 이전 친구들에게서 느끼던 압박이 새로운 친구들 덕분에 많이 줄어들었습니다.

고등학교 시절 데이브의 인생에 영향을 준 또다른 사건은, 2학년 때에 동네 쇼핑몰에서 한 소녀를 만난 일입니다. 재니스 로Janice Roh는 이웃 마을의 라이벌 고등학교에 다녔는데 데이브의 친한 친구의 여자 친구였습니다.

"둘이 헤어지자마자 바로 그녀에게 데이트 신청을 했어요!"라고 데이브는 회상합니다. 머지않아 데이브는 미래의 꿈에 야구와 함께 재니스를 나란히 놓게 되었습니다.

공교롭게도 고교 졸업 후에 야구는 그리 전망이 밝아 보이지 않았습니다. 고교 시절 보여 준 데이브의 성공적인 투수 경력에도 불구하고 그에게 흥미를 보이는 대학 야구팀은 한 군데도 없었습니다. 그는 지방 대학으로부터 조차도 장학금을 받을 수 없었습니다.

데이브가 존경해 온 보드맨고등학교의 야구 감독은 자신이 아끼는 왼손잡이 투수가 매우 낙심한 것을 알고 어느 날, 그를 사무실로 불렀습니다. 그리고 이렇게 말해 주었습니다. "난 네가 더 높은 수준에서 경기할 수 있는 능력이 있다고 확신한다. 설령 더 먼 곳을 알아보고 자리를 얻어야 하는 일이 있더라도 넌 꼭 야구를 계속해야 해!"

감독의 격려처럼 그것이야말로 데이브가 해야 할 일이었습니다. 그래서 그와 재니스는 독립하여 함께 오하이오대학교에 들어가기로 결심했습니다. 부모님이 그 생각에 반대하자 그들은 고향에 머물면서 가까운 영스타운주립대학교에 함께 다니기로 결정을 했습니다. 마침 영스타운대학교에는 야구부가 있었습니다. 시기 적절하게 데이브는 야구부의 중요한 역할을 맡을 수도 있을 것 같았습니다.

3학년이 되었을 무렵 데이브는 메이저리그 투수가 너무나 되고 싶어 야구에 전력을 다했습니다. 그 해 그의 성적은 7승 1패였고, 방어율은 무척 좋은 0.88을 기록했습니다. 데이브의 투구 덕분에 영스타운대학은 학교 역사상 최초로 NCAA(미국대학체육협회) 2지역 야구대회 토너먼트에 진출했습니다.

이 대학의 수석감독인 돔 로셀리는 라이트주립대학과의 경기 시작 전에 데이브에게 공을 건네주며 "가서 이겨버려!"라고 말했습니다. 데이브는 자신감을 가지고 마운드에 올라갔고 라이트대학뿐만 아니라 그날 관중석에 있는 수십 명의 메이저리그 스카우터들에게 자기 실력을 보여 줄 준비가 되어 있었습니다. 그는 제 2의 샌디 코우팩스(60년대의 전설적인 왼손잡이 투수 - 역자)가 될 수 있다는 것을 확실히 증명하고 싶었습니다.

그러나 그가 던지는 공마다 1루타, 2루타, 또는 홈런을 얻어맞았습니다. 그가 9명의 주자를 내보내고 그 중의 8명이 홈에 들어오자, 마침내 감독은 3회에 그를 강판 시켰습니다. 그는 덕 아웃으로 돌아가는 내내 고개를 떨구고 있었습니다. 영스타운대학이 마침내 26대 1로 패한 그 초라한 경기를 보고 자기에게 말을 걸 스카우터는 없을 것이라는 것을 그는 잘 알고 있었습니다.

데이브는 왜 일이 그렇게 잘못되어 버렸는지 파악하려고 하면서 그날 경기를 잘 생각해 보았습니다. 그때 머리를 스치는 게 있었습니다. 그는 아버지가 항상 해 주시던 충고를 잊고 있었습니다. 드라베키 씨는 아들에게 스포츠와 인생 양쪽에 적용할 수 있는 두 가지를 항상 충고해 주곤 했었습니다. "무엇을 하든 그것에만 몰두하렴. 자신을 속이지 말고, 할 수 있는 한 최고가 되어라. 하지만 더 중요한 건 그 일을 즐기는 거란다!"

성공하기 위해 노력하는 동안 그는 즐기는 것을 잊고 있었던 것입니다. 스카우터들에게 좋은 인상을 주는 데에 급급해서 스스로에게 엄청난 스트레스를 가하는 바람에 경기의 즐거움은 모두 사라져 버렸고, 결국 형편없는 결과를 내고 말았습니다. 그래서 그는 4학년이 된 후, 야구 시합 때는 다른

 데이브 드라베키

태도로 임했습니다. 그는 말합니다.

"어디에 가겠다는 생각을 하지 않았기 때문에 경기 그 자체를 즐길 수 있었습니다. 일년 내내 아주 즐거웠죠!"

그는 그 해 봄에 겨우 3승 2패를 기록했지만, 시즌이 끝날 무렵 클라리온주립대학과의 경기에서 7회 동안 투구하면서 3개의 안타만을 허용하고 14개의 삼진을 잡았습니다. 우연히 그 경기를 본 피츠버그 파이어리츠팀의 스카우터는 데이브를 시험해 보려고 피츠버그의 홈구장인 스리리버 야구구장으로 하루 동안 초청했습니다.

시험은 술술 진행되었습니다. 데이브는 난생 처음 메이저리그의 구장에서 경기하게 되어 무척 흥분했고, 시험에 초대받은 다른 사람들과 팀을 짠 시범 경기에서 한 회를 던졌습니다. 그게 다였습니다. 시험이 끝나고 파이어리츠팀 감독에게 다음 순서는 뭐냐고 묻자, 그는 집에 돌아가 전화를 기다리라고 대답했습니다. 그는 "이 쪽에서 전화가 가면 자네는 선발된 거야. 아무 전화도 없으면, 다른 할 일을 찾아보는 게 좋을 거고 말일세!" 라고 대답했습니다.

6월 아마추어 팀의 선수 배정 둘째 날, 드라베키 씨의 온 가족은 전화기 둘레에 모여 앉았습니다. 전화 사용이 금지된 상태에서, 마침내 전화벨이 울렸습니다! 리키가 받아서 1분

정도 듣고는, 수화기를 데이브에게 건네주었습니다.

"형 전화야!" 라고 말하며 그는 속삭였습니다.

"성공한 것 같은데…"

전화의 목소리는 이렇게 말했습니다. "데이브, 피츠버그 파이어리츠팀의 머리 쿡이요. 당신을 여름 시즌 선발의 21명 중 하나로 뽑았소. 이제 사우스캐롤라이나주 찰스턴의 마이너리그 팀으로 갈 거요. 좀 전에 펜실베이니아주 버틀러의 다른 친구 한 명과도 계약했는데, 그 친구보고 당신한테 들러서 찰스턴으로 같이 가라고 해야겠군!"

전화를 끊고서 데이브는 소리를 지르기 시작했습니다.

"뽑혔어요! 선발됐다구요!"

꿈이 실현될 것 같았습니다.

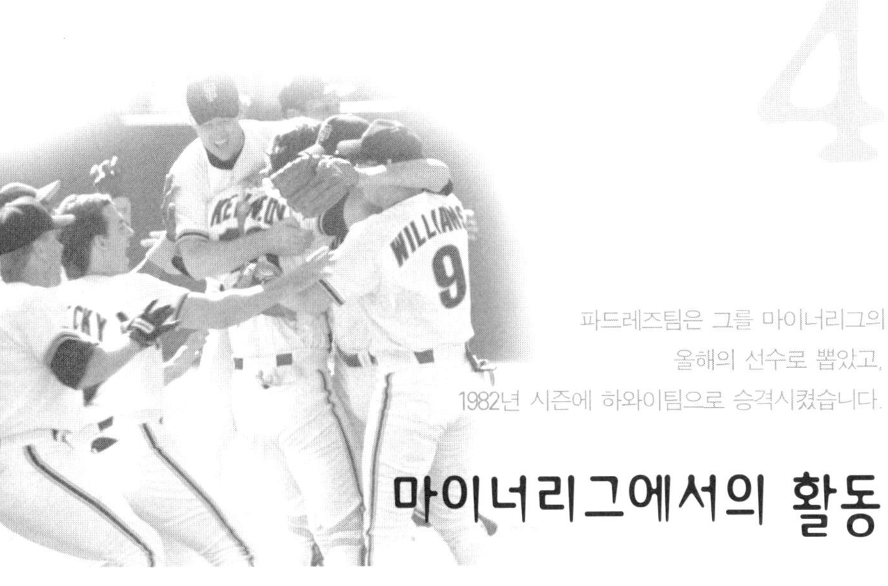

파드레즈팀은 그를 마이너리그의
올해의 선수로 뽑았고,
1982년 시즌에 하와이팀으로 승격시켰습니다.

마이너리그에서의 활동

흥분이 가라앉자 데이브는 생각했습니다. '와! 나도 마침내 프로야구 선수가 되는 거구나!' 그러나 그게 곧 메이저리그 Major - League 선수가 된다는 의미는 아니었습니다. 프로가 얼마나 다른지, 메이저리그로 가는 것이 얼마나 멀고 힘든 길인지, 그 목적을 달성하는 선수가 얼마나 적은지를 배우기 위해서는 앞으로 몇 년이 걸릴 지도 몰랐습니다.

피츠버그 파이어리츠팀은 선발된 21명의 신인들에게 많은 것을 기대하지 않았기 때문에 투자도 별로 하지 않았습니다. 다른 선수들은 좋은 성적을 내면 보너스와 성과급을 받는 계약을 맺었지만 데이브에게는 아무 것도 없었습니다. 파이어리츠팀은 데이브에게 그 시즌 동안 사우스캐롤라이나 찰스턴의 A급 팀에서 뛰는 조건으로 한 달에 500달러만을 제시했을 뿐이었습니다.

데이브는 상관하지 않았습니다. 야구 경력을 계속 쌓을 수만 있다면 아무 것도 받지 않고서라도 뛰었을 것입니다. 그는 그 해에 20경기에 출전, 대부분 구원 투수로 등판했고, 4승 2패의 기록을 거두었습니다. 아주 훌륭한 경기를 한 것은 아니었지만 괜찮은 성과를 올렸기 때문에, 1978년 가을 재니스와 결혼했을 무렵에는 다음 시즌에도 파이어리츠팀에서 뛸 수 있을 것이라는 확신이 있었습니다.

1979년 시즌에 파이어리츠팀은 데이브를 버팔로의 AA급 팀으로 옮겼습니다. 그것은 그가 메이저리그에서 뛰고자 하는 꿈에 한 걸음 더 다가섰음을 의미하는 것이었습니다. AA급 팀의 경기는 화려하지는 않았습니다. 관중들은 적었고 경기장 대부분은 낡고 황폐했습니다. 버팔로에 있는 구장은 관중석 바닥에 떨어진 팝콘, 땅콩, 크래커를 먹으려는 쥐들이 기어다니고 있었습니다.

데이브는 그 해 6승 7패를 기록해서, 다음 시즌에도 뛸 수 있을지 자신할 수 없었습니다. 그래서 그 해 가을 파이어리츠팀 사무국에서 콜롬비아Colombia에 가서 뛰지 않겠느냐는

    데이브 드라베키

제안을 받았을 때, 데이브는 협상을 할 입장이 못 되었습니다. 젊은 부부에게 있어 남아메리카에서 활동하는 것은 모험이나 마찬가지였습니다. 결국 그것은 모험이 되었으며, 둘이 기대하던 상황으로 전개되지도 않았습니다.

파이어리츠팀은 데이브를 콜롬비아의 카리브해 연안 도시인 바랑키야팀에 배정했습니다. 부부는 열대의 낙원을 상상했습니다. 그러나 막상 도착해 알게 된 바랑키야는, 하수구가 열려있고 믿을 수 없을 만큼 가난하며 쥐만큼이나 큰 바퀴벌레가 득실대는, 무덥고 불쾌하고 더러운 공업도시였습니다.

데이브는 경기를 너무 엉망으로 치러서 팬들은 경기장 안의 그에게 옥수숫대를 던지곤 했습니다. 관중석에서 재니스가 그의 부인이라는 것을 알게 되면 야유를 보내고 그녀 머리에 손으로 총을 쏘는 시늉을 했습니다. 엎친 데 덮친 격으로 데이브는 40도나 되는 고열에 시달려 닷새 동안 몸무게가 6.5Kg나 줄었습니다. 생애 처음으로 그는 하나님께 간절히 도움을 청했습니다.

다시 공을 던져볼 수 있을 만큼 회복이 되었다고는 했지만 데이브는 공 이외에는 아무 것도 들 수조차 없을 만큼 약해졌습니다. 팀에서 그를 방출하자 그는 세계 최고의 행운아가 된 듯한 기분이었습니다. 부부는 콜롬비아를 떠나 휴가를 보내려 오하이오의 집으로 돌아올 수 있었습니다. 미국에 돌아온 후, 데이브는 재니스에게 다시는 콜롬비아로 돌아가지 않겠노라고 약속했습니다.

1980년 시즌에 버팔로에서 13승 7패의 성적을 올린 데이브는 파이어리츠팀이 다음해에 자신을 AAA급 팀으로 옮겨줄 것이라는 확신을 가지게 되었습니다. 그러나 그가 메이저리그 선수감은 아니라고 생각하는 사람들이 사무국에 있었기 때문에 더 많은 것을 보여 주어야 한다는 것 또한 알고 있었습니다. 그래서 콜롬비아에서 겨울 한 시즌 더 뛰어 보라는 제안을 받았을 때 그러겠다고 했습니다.

재니스는 언짢아했습니다. 데이브의 상황을 이해 못하는 건 아니었지만 콜롬비아에서의 기억들이 너무 끔찍해서 그곳에서 한 시즌을 더 보낼 자신이 없었던 것입니다. 그래서 그녀는 생계에 필요한 돈을 벌기 위해 플로리다주의 회계회사에 취직을 했습니다.

데이브는 경기에서 여전히 한 달에 600 내지 700달러를 받을 뿐이었습니다. 그는 남아메리카로 돌아가 1년 전 재니스와 함께 살았던 끔찍한 아파트에 머물렀습니다. 그는 아내가 너무 보고 싶어 경기에도 전혀 집중하지 못했습니다. 바랑키야팀은 그를 다시 방출해 버렸습니다.

사라소타에서 재니스와 재회하면서 그는 너무 흥분해서 야구든 뭐든 간에 다시는 절대로 아내와 헤어져 살지 않겠다고 맹세했습니다. 그러나 데이브는 자신의 미래에 대해 심각한 고민에 빠졌습니다. 지금이야말로 야구 인생에 있어 절체절명의 순간이라는 확신이 들었습니다. 다음 시즌에 AAA급으로 올라가지 않으면 파이어리츠팀이 그를 다른 팀과 교환하거나 방출해 버릴 것이고, 그러면 그동안 꾸어온 야구의 꿈은 실망스러운 결과로 끝나버리고 말 것이었습니다.

역시나 봄 훈련 기간이 끝날 무렵 파이어리츠팀 감독인 머리 쿡이 클럽하우스(경기 준비와 마무리를 하는 선수들의 개인 공간 - 역자)로 그를 불러서 "자네를 교환하기로 했네!"라고 말했습니다.

그게 반드시 나쁜 소식만은 아니라는 걸 깨달은 데이브는 교환되어 갈 팀이 샌디에이고였으면 좋겠다는 생각이 들었습니다. 며칠 전, 선수들 몇이 모여 가장 뛰고 싶은 좋은 팀에 대해 얘기를 했는데 대부분이 샌디에이고를 최고로 쳤기 때문이었죠. 그 팀은 멋진 기후의 대도시에서 발전하고 있는 신생 팀이었습니다. 게다가 샌디에이고의 AAA 팀은 하와이에 있었는데, 마이너리그에서 뛰기에 더할 나위 없이 좋은 곳이었습니다. '자넬 샌디에이고팀과 교환했어. 하와이로 가

게! 라고 말해 주면 얼마나 좋을까!'

"자네를 샌디에이고로 보내기로 했네!"

쿡이 그에게 말했습니다. '야호!' 데이브는 생각했습니다.

"애머릴로로 가게 될 거야." '어디라고?'

애머릴로는 또 다른 AA급 팀이었습니다. 그러나 서부 텍사스주는 하와이와는 완전히 사정이 달랐습니다. 끔찍하게 덥고 바람이 많고 먼지투성이 평원의 지루한 곳이었지요. 그러나 데이브는 적어도 자기 능력을 증명하기 위한 새로운 기회를 새로운 팀에서 맞게 된 것이었습니다.

재니스는 다음 해에 쓸 생활비를 벌기 위해 몇 주 동안 플로리다주에 머물렀습니다. 데이브는 텍사스주로 가서 선수들이 거처를 마련할 때까지 머무는 홀리데이인호텔에 투숙했습니다. 거기서 그는 큰 키에 붉은 머리, 주근깨 투성이에다가 신발 크기가 330이나 되는 바이런 발라드라는 선수와 한 방을 쓰게 되었습니다. 모두 다 바이런을 좋아했습니다. 그는 유머 감각이 뛰어난 익살맞은 사람으로 인생을 즐기며 사는 친구였습니다. 데이브는 바이런의 침대에서 기독교 신앙 서적을 발견하고 그것에 대해 얘기를 나눴습니다.

바이런은 메이저리그 및 마이너리그 경기장에서 매주 일요

 데이브 드라베키

일 경기 전에 선수와 감독들이 간단한 기도와 예배를 드리는, 야구선수들을 위한 교회가 있는 것을 아는지 데이브에게 물었습니다.

"물론," 데이브는 그에게 말했습니다. "버팔로에서 예배를 인도한 적도 있는 걸!"

바이런의 눈이 빛났습니다. 즉시 데이브가 거듭난 기독교인이라고 짐작한 것입니다. 그래서 데이브는 솔직히 말했습니다. 신앙심 깊은 가정에서 자라서 항상 하나님을 경외했고, 고난의 시기에는 기도하고, 가능한 한 일요일에는 예배를 드리러 갔다고 말해 주었습니다.

"미안하네. 하지만" 그는 말했습니다.

"난 그 '거듭남'이라는 걸 이해할 수가 없어!"

그 주제에 관한 토론이 그날로 끝나지는 않았습니다. 이후 몇 주 동안 그들은 많은 토론을 했습니다. 바이런은 "거듭남"이 의미하는 것을 설명했습니다. 자기 성경을 꺼내어 데이브에게 요한복음 3장 3절의 예수님 말씀을 직접 보여 주기도 했습니다. 데이브는 감동 받았습니다. 이 친구는 분명 뭔가 알고 있군! 바이런은 그의 신앙을 강요하거나 설득하려고 하지 않았습니다. 그저 데이브의 질문을 받고 성경에서 그 해답을 찾을 수 있도록 도와줄 뿐이었습니다.

데이브는 스스로를 기독교인이라고 생각하고 있었습니다. 하나님께서는 계시다고 믿으며 자랐지만, 그에게 있어 하나님께서는 항상 멀리 있고 비인격적인 존재였습니다. 그분을 예배하지만 정확히 알지는 못했던 것입니다. 사실 성경을 제대로 읽은 적이 없었습니다. 결혼한 후에 재니스가 함께 성경을 읽자고 제안한 적이 있었습니다. 그때 데이브의 대답은 이랬습니다.

"난 못 읽겠어, 재니스. 이해가 안 된다고. 그건 목사님이나 읽는 거지 난 아니야!"

바이런의 도움으로 데이브는 성경 속에 그가 이해할 수 있는 많은 것이 담겨 있다는 사실을 알았고, 하나님에 대해 오해하고 있던 것들도 바로잡히기 시작했습니다. 하나님께서는 멀리 있는 애매모호한 존재가 아니었습니다. 그분은 인간들과 가까이 있기를 원하셨기 때문에 "예수" 라는 사람의 몸으로 이 땅에 오셨고, 우리 모두를 위해 돌아가셨습니다. 데이브는 자신이 그래도 꽤 착한 사람이라고 늘 믿어 왔는데, 바이런이 왜 자기를 죄인이라고 생각하는지 이해할 수가 없었습니다. 그런 그에게 바이런은 로마서 3장 23절에서 "모든 사람이 죄를 범하였으매" 라는 구절을 보여 주었습니다.

하나님께서 우리의 인생에 계획하신 모든 것들을 다 알 수 있는 사람들은 없습니다. 데이브는 지금까지 이런 사실을 설명해 준 사람들이 없었다는 게 놀라웠습니다. 하나님과 자신이 친밀한 관계를 맺지 못하도록 죄가 방해하고 있었다는 사실을 말입니다.

그것을 알고 나자 데이브는 어떻게 하면 인간들이 죄에서 벗어나 하나님과의 관계를 회복할 수 있는지 물었습니다. 바이런은 죄를 고백하고, 하나님의 용서하심을 구할 필요가 있다는 성경 말씀을 찾아 보여 주었습니다. 데이브에게 충격을 주고 그를 사로잡은 구절 중의 하나는 로마서 10장 9절이었습니다. "네가 만일 네 입으로 예수를 주로 시인하며 또 하

나님께서 그를 죽은 자 가운데서 살리신 것을 네 마음에 믿으면 구원을 얻으리니" 라는 말씀입니다.

정말 평범하고 단순하게 들리는 말씀이었습니다. 지나칠 정도로 단순했습니다. 데이브는 하룻밤 사이에 그리스도를 믿게 되지는 않았지만 그 대신 바이런의 말을 이해해 보기 위해 그를 주의해서 지켜보았습니다. 시간이 흘러 마침내 애머릴로로 온 재니스는 남편이 현재 읽고 있는 책 내용과 성경에서 알게 된 것들에 대해서만 얘기하려고 했기 때문에, 그가 광신도가 되어버린 게 아닌가 싶어 걱정을 했습니다. 얼마 안가서 다른 사람들과 얘기하고, 기독교 신앙 서적을 읽고 성경을 공부하면서 재니스도 결국 자신만의 의문들을 가려내기 시작했습니다.

데이브와 재니스는 바이런이 말하고 성경에 쓰여 있듯이 하나님께서 인격적으로 친밀하신 분이시라면 그들의 삶이 꼭 변화되어야 한다는 걸 인정하기에 이르렀습니다. 하나님께서 그들 삶의 세세한 부분까지 신경을 쓰고 계신다면, 물론 그들에게 가장 좋은 것이 무엇인지도 알고 계실 것입니다. 그래서 그들은 성경에서 배운 인격적이고, 사랑하시는 하나님을 믿고 예수님께서 그들을 어디로 인도하시든지 따르기로 결심했습니다.

 데이브 드라베키

어떻게 보면, 애머릴로에서의 생활 환경은 모두가 얘기했듯이 뜨거운 열기, 바람, 먼지, 그리고 경기장 옆에 있는 가축사육장의 파리 떼 등으로 최악이라 말해도 부족하지 않았습니다. 냄새가 너무 심해 숨쉬기조차 싫을 때도 있었습니다. 그러나 데이브와 재니스에게 있어 그 시즌은 그들 인생에서 가장 중요하고 놀라운 한 해가 되었습니다.

돈이 너무 없어서 그 좁은 아파트에 세를 놓아 다른 이와 집세를 분담할 정도였습니다. 하지만 애머릴로의 몇몇 선수들과 그 부인들이 같은 새 기독교인이였기 때문에 함께 성경 공부할 수 있는 것을 기뻐했습니다. 그 모임 사람들은 같은 교회에 나가고 성경을 읽고 토론하며 몇 시간씩을 보냈습니다. 그들 대부분이 드라베키 부부의 평생 친구가 되었습니다. 1981년 여름의 애머릴로는 데이브가 절대 가고 싶지 않은 곳이었을지 몰라도, 지금 그의 생각은 다릅니다.

"저는 우리가 그 곳에서 보낸 시간들을 지구상에 있는 어떤 라커룸과도 바꾸지 않을 겁니다."

데이브는 텍사스주에서 영적으로 성장했을 뿐만 아니라, 야구에서도 최고의 해로 만들었습니다. 주로 선발로 나서서 15승을 거두고 단지 5패만을 기록했으며, 방어율도 경기 당 2.67로 낮추었습니다. 파드레즈팀은 그를 마이너리그의 올해의 선수Player of the Year로 뽑았고, 1982년 시즌에 하와이 팀으로 승격시켰습니다.

데이브에게는 정말 커다란 발전이었습니다. AA 팀들은 버스를 타고 이동하며 작은 마을의 지저분한 경기장에서 경기를 합니다. 반면 AAA 팀들은 보통 비행기를 타고 대도시에서 경기를 합니다. 모든 선수들이 훗날 메이저리그 진출을 꿈꾸는데, AAA 팀이라면 메이저리그에서 겨우 한 발짝 떨어져 있을 뿐인 것입니다.

데이브는 말합니다. "제 평생의 꿈이 이루어지려는 순간에 와 있다는 것을 느꼈습니다."

 데이브 드라베키

메이저리그로의 진출

애머릴로에 있던 데이브의 많은 친구들도 하와이로 옮겨 갔습니다. 그중 앤디와 재키 호킨스 부부, 마크와 데비 서몬드 부부, 토니와 알리샤 그윈 부부 등은 나중에 메이저리그까지 진출한 사람들입니다. 고스폴스 부부, 드시몬스 부부, 메레디스 부부, 스미스 부부 등은 그렇지 못했습니다.

데이브는 회고합니다. "하지만 그 당시 우리 모두 희망에 차서 함께 어울렸고 인생 최고의 순간들을 즐기고 있었어요!"

파드레즈팀에서의 활동으로 명예의 전당에 오른 토니 그윈은 애머릴로에서 시작할 때만 해도 데이브의 말에 의하면 "최악의 투수"였으며, 외야에서 던지는 공은 "바람 빠진 풍

선"같았다고 합니다. "실력을 쌓기 위해 토니보다 더 열심히 연습하는 사람을 전 본 적이 없습니다. 물론 토니는 타고난 능력도 굉장했지만, 그렇게 놀라운 훈련 과정이 없었더라면 지금만큼 위대해지지는 못했을 겁니다."

1982년 하와이로 이주할 당시, 재니스는 첫 아이를 임신한 지 7개월 째였습니다. 데이브가 2주간의 원정 경기로 피닉스에 가 있었을 때, 재니스가 공포에 질려 전화를 했습니다. 한밤중이었는데 아기가 나오려고 해서 병원에 가야 한다는 걸 알린 것입니다. 데이브는 이른 아침 비행기를 잡아 타고 오전 11시 30분에 호놀룰루에 내렸습니다.

11시 39분, 한창 달려오고 있는 남편을 기다리지 못하고 재니스는 예쁘고 건강한 딸을 낳았습니다. 아기의 이름은 티파니Tiffany라고 지었습니다. 아내가 출산하는 동안 함께 있지 못한 것을 못내 아쉬워한 데이브는 팀이 20개의 홈 경기를 하기 위해 호놀룰루로 돌아가게 되자 신이 났습니다. 딸의 출산을 보지 못한 것에 대한 섭섭함을 채울 겸 그는, 이후 3주 동안 아내와 어린 딸과 되도록 많은 시간을 보낼 계획을 세워 두었습니다.

그러나 티파니가 태어난 지 이틀 후, 그가 아파트를 나와 병원으로 가려는데 전화벨이 울렸습니다. 파드레즈팀의 감독

 데이브 드라베키

인 밥 클럭이었습니다. 그는 재니스의 안부를 묻고, 아버지
가 된 데이브를 축하해 주었습니다. 데이브는 좀 놀랐습니
다. 그리고 '이거 괜찮은데. 우릴 정말로 신경 써 주잖아.'하
고 생각했습니다. 그런데 클럭이 그에게 말했습니다.

"실은 전화한 이유는 따로 있어. 자네를 승급시킬 생각이
네. 메이저 리그로 가는 거야!"

데이브는 그가 농담을 하는 줄 알았습니다! 진짜라는 걸
납득하는 데도 몇 분이 걸렸습니다. 그는 5년을 마이너리그
에서 보냈고, AA급에서 AAA급으로 진출하는데 3년이 걸
렸습니다. 이제 시즌 시작 10주만에 그는 소위 메이저리그로
"스카웃"을 받은 것이었습니다.

전화를 끊자마자 데이브는 병원의 재니스에게 전화로 이
소식을 알렸습니다. 아내가 울음을 터뜨려서 그는 기뻐서 그
러는 줄 알았습니다. 하지만 화가 났기 때문이란 걸 곧 알
수 있었습니다. 친구들에게 작별 인사를 하고 짐을 꾸리고
아파트를 정리하고 차를 팔고, 태어난 지 일주일도 안 되는
아기를 데리고 바다를 건너는 일까지 모조리 그녀에게 떠맡
긴 셈이 되었기 때문이죠. 아내와 아기가 일찍 퇴원해서 가
족은 하루를 함께 보낼 수 있게 되었습니다.

다음 날, 데이브는 아내와 딸에게 작별 키스를 하고 캘리

포니아로 날아갔습니다.

　며칠 후, 티파니를 데리고 남편과 합류한 재니스는 뭔가 잘 못되었다는 것을 눈치 챘습니다. 데이브는 먹지도 않고, 말도 없었습니다. 뭐가 문제냐고 묻는 말에 그는 괜찮다고만 했습니다. 스트레스를 받는 건지, 신경 쓰이는 일이 있는지 물어도 그저 아니라고 했습니다.

　그러나 투구 내용은 정말 엉망이었으며 컨디션이 나쁜 이유조차 몰랐습니다. 던지면 던질수록 그는 점점 용기를 잃었고, 투구 내용이 점점 더 나빠졌습니다.

　"목표를 정하고 그 위에 인생을 쌓아가고 있는데 실패라는 장애를 깨닫는 건 끔찍한 일이죠!" 라고 그는 말합니다.

　그는 집중할 수가 없었습니다. 생각을 할 수도 없었습니다. 보다 못한 투구 코치가 최대한 예의를 갖추어 충고했습니다. 데이브 자신도 이미 잘 알고 있는 내용이었습니다. "데이브, 스트라이크를 던지지 못하면 하와이로 돌아가는 수밖에 없네!" 그래서 스트레스는 더욱 쌓여만 갔습니다. 감독과 친구들은 데이브에게 많은 조언을 했습니다. 그는 겁이 난다는 사실을 차마 털어놓을 수가 없었습니다. 누구에게도 말이지요.

　3주 정도가 지나고 LA 다저스팀과의 경기를 앞두고 있을

때, 결국 재니스는 다시 물었습니다.

"분명 뭔가 잘못 됐어요! 도대체 뭐죠?"

혼자 고민하는 것에 지쳐버린 데이브는 결국 감정을 억누르를 수 없었습니다. 스트라이크를 던지라고 말한 투구 코치의 은근한 압력에 대해 말이 튀어나왔습니다.

"그럼, 데이브!" 재니스는 부드럽게 물었습니다.

"스트라이크를 못 던지는 이유가 뭔데요?"

그는 전부 털어놓았습니다. 도대체 어디로 공을 던져야 할지 모르겠으며, 마운드에 서면 여기가 메이저리그라는 것과 마주하는 상대도 모두 메이저리그의 타자들이라는 게 자꾸 생각나서 힘들다고 말입니다. 관중들이 하는 말이 들려와서

집중을 할 수가 없다는 것도 말했습니다.

"너무 초조해… 난 무서워, 재니스!"

재니스는 울기 시작했습니다. 남편의 딱한 상황 때문에 흘리는 눈물이었지만, 그동안 남편이 마음을 열고 자신에게 깊은 속내를 드러낸 적이 없었기 때문이기도 했습니다. 그들은 서로 부둥켜안고 이야기했습니다. 대부분은 재니스가 말했습니다.

"뭘 그렇게 두려워하는 거예요? 그저 최선을 다하기만 하면 돼요. 그렇게 해서도 충분하지 않다면, 그럼 뭐 어때요? 기껏해야 하와이로 돌아가는 것 뿐이잖아요! 난 돌아가고 싶어요. 거기가 차라리 나았어요. 정말 즐겁게 지냈었잖아요. 다시 친구들과 함께 지낼 수도 있다고요. 그걸 생각하니 흥분되는 걸요!"

그는 아내의 말이 옳다는 것을 깨달았습니다. 설사 실패하더라도 자신에게 가장 중요한 것들인 아내, 딸, 친구들을 잃는 것은 아니었습니다.

"당신 입으로 항상 말하던 걸 잊었나 보군요!"

  데이브 드라베키

그녀는 덧붙였습니다. "기억나요? 공을 던질 땐 오직 예수 님만을 나의 관중으로 생각하고 던져야 한다고 당신과 바이런이 늘 말하곤 했잖아요!"

데이브는 애머릴로에 있을 당시를 회상했습니다. 그의 생애 가장 행복한 시간이었지요. 마침내 데이브는 자신이 누구를 위해 사는지 알게 되었습니다. 자신의 관중을 알게 되었습니다. 예수님을 유일한 관중으로 생각하게 되자 스트레스가 덜해졌습니다.

그는 자기가 아닌 하나님께 영광을 돌리기 위해 최선을 다했습니다. 경기에 지면 물론 괴롭긴 하겠지만, 그를 사랑하시고 항상 함께 하시는 하나님이 계시기에 진정 중요한 것들은 변함 없이 남아 있을 것이기 때문이죠.

데이브는 메이저리그로 불려온 이후, 그 어느 때보다 좋은 기분으로 그날 저녁 경기에 임했습니다. 한 회를 던져 1점을 내 주었지만 기분은 괜찮았습니다. 그리고 경기 후, 재니스를 만나자 미소를 지으며 말했습니다. "감각이 되살아났어!"

그 시즌 동안 그는 파드레즈팀에서 31경기에 참가했는데 대부분 구원 투수로서였습니다. 그 결과 5승 3패의 성적을 거두었고 2.57이라는 매우 인상적인 방어율을 기록했습니다. 1983년은 데이브가 메이저리그에서 한 시즌을 완전히 소화

한 첫 번째 해가 되었습니다. 28경기에 파드레즈팀의 선발로 나섰고 14승 10패를 거두었습니다.

다음해에는 샌디에이고팀에서 선발 및 구원 투수를 맡게 되었으며 마침내 월드 시리즈에까지 진출하게 되었습니다. 시리즈 동안 5경기에 구원 투수를 했는데 단 한 점도 내주지 않았습니다.

1985년에 데이브는 다시 파드레즈팀의 선발을 맡아서 13승 11패의 성적을 내었습니다. 다음 해에는 9승 11패를 기록했지만 방어율은 3.07이라는 상당한 수준을 지켰습니다.

1987년 시즌 중반쯤에 데이브는 자신이 샌프란시스코 자이언츠팀에 교환될 것이라는 말을 들었습니다. 파드레즈팀의 친구들을 떠나 갑자기 짐을 싸서 재니스와 티파니, 그리고 아직 어린 아기인 아들 조나단과 아는 사람 하나 없는 도시로 이사를 가는 것은 힘들었지만, 그의 경력을 생각하면 좋은 기회이기도 했습니다.

그 시즌이 끝날 때쯤, 데이브는 왼팔의 피부 아래에 동전만한 크기의 딱딱하고 동그란 덩어리를 발견하고 트레이너에게 보였으나, 그는 대수롭지 않게 생각했습니다. 하긴 아프지 않았기 때문에 데이브도 별 신경을 쓰지 않았습니다. 그보다는 자이언츠팀에서 선발로 7경기를 이겨서 자기 위치를 확고히 하고, 플레이오프에서 세인트루이스 카디널즈팀과 맞붙을 것 따위를 생각하고 있었습니다. 카디널즈팀은 첫 경기를 5대 3으로 이겼습니다. 데이브는 세인트루이스에서의 두 번째 경기에 선발로 나섰는데 반드시 이겨야만 하는 상황이었습니다.

컴컴한 하늘 아래, 10월 어느 추운 저녁이었습니다. 관중들은 떠들썩했습니다. 데이브는 회상합니다.

"신경이 곤두서 있지는 않았습니다. 흥분은 했지만 완전히 경기에 몰두해서 그런 거였지요. 오직 저 앞의 포수와 그의 글러브만 보이더군요. 분위기에 푹 빠져 있었어요!"

2회 초, 샌프란시스코 자이언츠팀이 2대 0으로 앞서나가기 시작하자 카디널즈팀의 홈구장인 부쉬 구장은 완전히 조용해졌습니다. 데이브는 생애 최고의 투구로 관중들을 잠재웠습니다. 관중들이 들썩거리려 할 때마다 그는 다시 입 다물게 만들었습니다.

"믿을 수 없을 정도의 힘을 느꼈어요!" 그는 말합니다.

"전 경기에 완전히 몰두해 있었죠. 5만 명의 관중은 없는 거나 마찬가지였습니다. 타자조차도 거의 의식하지 않았어요. 오직 포수만이 존재했습니다. 그는 내가 던지려는 공을 잘 알고 있었습니다. 이심전심이었어요. 가끔은 사인조차 필요 없었어요!"

회를 거듭하며 데이브는 카디널즈팀을 쓰러뜨려갔습니다. 4회에 자이언츠팀은 다시 득점하여 3대 0이 되었습니다. 8회에 2점을 더 추가해 데이브의 팀은 처음으로 플레이오프에서 승리를 거두었습니다. 단지 안타 2개를 허용했을 뿐이며, 무실점 기록을 세웠습니다. 1984년의 플레이오프 기록과 더하면, 그는 19와 2-3회 연속 플레이오프 무실점을 기록한 것입니다.

경기가 끝나고 그는 인터뷰실에 불려갔습니다. 방이 너무 혼잡해서 마이크 쪽으로 간신히 다가갈 수 있었습니다. 누군가가 자이언츠팀의 감독인 로저 크레이그에게, 크리스천 선수는 너무 착해서 승자가 되기가 어렵지 않느냐고 묻고 있었습니다. 로저는 이렇게 대답했습니다.

"크리스천들은 배짱도 없는 줄 아시오? 그렇지, 여기 크리스천 선수가 있군. 이 친구는 아무 것도 두려워하지 않소!" 그러면서 마이크를 데이브에게 건네주었습니다.

"저 질문에 어떻게 대답하실 건가요?" 한 기자가 물었습니다.

데이브가 듣기에 그건 '크리스천은 겁쟁이인가 아닌가' 하고 묻는 셈이었습니다. 그래서 생각하기에 가장 좋은 대답은, '크리스천은 예수님을 따르는 사람들이니 그럼 예수님도 겁쟁이라 생각하는 것이냐?' 라고 되받아 응수해 주는 것이라 여겨졌습니다. 데이브는 그 자리에서, 예수님께서 운동화를 신고 프로 경기에 출전하셨다면 아마 어느 선수보다도 더 격렬하고 열심히 싸우셨을 것이며, 그러면서도 자제력을 잃지 않으셨을 거라 믿는다고 대답했습니다. 그리고 이 말도 덧붙였습니다.

"예수님은 저의 모범이십니다. 전 그분을 위해 경기합니다. 하나님께 영광을 돌리려고 경기를 합니다. 그분이 제게 주신 능력을 알고 있기에 주어진 그 모든 것을 가지고 경기에 임하는 겁니다!"

데이브는 공식 석상에서 자기 신앙에 대해 이야기할 기회를 얻을 수 있어서 기뻐했습니다. 클럽하우스를 나와, 기다리고 있던 재니스를 만난 그는 들떠서 모든 것을 말해 주었습니다. 얼마나 멋진 밤인가! 그는 플레이오프에서 완봉승을 거두었고, 기자들과 전국의 모든 시청자들에게 하나님을 증거할 기회를 얻었던 것입니다. 아울러 무엇보다 좋은 것은 그날이 바로 드라베키 부부의 결혼 9주년 기념일이었단 사실이었죠.

재니스는 흥분한 남편을 보며 밝게 웃으며 말했습니다.

"당신이 어떻게 이런 자리까지 오게 됐는지 모르겠어요!"

자이언츠팀이 3승 2패로 앞서고 있는 상황에서 데이브는 시리즈 여섯 번째 경기의 선발로 다시 나섰습니다. 그는 두 번째 경기에서 만큼이나 잘 던졌지만 이번에는 카디널즈팀이 2회의 희생 플라이 덕분에 1대 0으로 이겼습니다. 다음날 경기에서는 데이브의 동료인 투수 애틀리 해머커가 점수를 많이 내주는 바람에 자이언츠팀은 탈락, 플레이오프 나머지 경기와 월드 시리즈는 TV로 지켜보게 되고 말았습니다.

플레이오프에서 진 것은 괴로웠지만, 그는 생애 가장 중요한 경기에서 최고의 투구를 했다는 것으로 위안을 삼고 겨울

 데이브 드라베키

휴가를 보냈습니다. 다음 경기 시즌이 너무나 기다려졌습니다. 경기가 없는 동안 그는 팔에 생긴 혹 검사를 받았습니다. MRI(Magnetic Resonance Imaging, 자기공명영상술) 검사를 했는데 별로 신경 쓸 필요가 없다는 결과가 나왔고, 의사는 6개월 후에 다시 검사를 받아보라고 권했습니다.

로저 감독이 데이브를 다음 시즌 첫 경기의 선발로 호명하고 그 경기에서 안타 3개만 허용하고 승리하자, 그는 집에 돌아와서 아내에게 말했습니다.

"당신 그거 알아? 난 1988년이 나의 해가 될 거라고 생각해!"

그러나 만사가 그렇게 되지는 않았습니다.

1988년 시즌은 데이브에게는 어려움이 많은 한 해였습니다. 한 때 최고의 투구를 보여주었지만, 이어서 슬럼프에 빠져 그 하락세가 끝가는 줄 모르고 계속되었습니다. 그 침체는 시즌 초기에 어깨 통증이 발발하면서 시작되었습니다. 5월에는 부상자 명단에 올랐으며, 휴식도 아무 소용이 없자 마침내 그는 어깨 수술을 받았습니다.

수술 이후 회복되는 동안 동료 애틀리가 팔에 있는 혹을 다시 검사 받으라고 종용했습니다. "점점 커지고 있잖나." 하고 그는 염려했습니다. 친구의 권유보다 데이브는 어깨가 더 걱정이 되었습니다. 수술을 했는데도 고통이 가라앉지 않았기 때문이죠. 그는 여전히 던질 수가 없었고, 팀도 좋은 경기를 보여주지 못해서, 시즌이 끝날 무렵 데이브는 고향 오하이오주로 돌아가게 해 달라고 자이언츠팀의 허가를 구했습니다. 팀은 승낙해 주었습니다.

데이브는 팔의 혹이 점점 커진다는 사실을 부인할 수 없었습니다. 혹은 골프공만큼 크고 딱딱해져서 그는 샌프란시스코를 떠나기 직전에 다시 MRI 검사를 받으러 갔습니다. 며칠 후 의사가 오하이오주에 있는 그에게 전화를 해서, 근처 다른 병원에서 계속 검사해 보는 게 좋겠다는 충고를 했습니다. 그래서 데이브와 재니스는 예약을 하러 클리블랜드로 갔습니다.

그들은 작은 검사실에 앉아 함께 조용히 얘기하고 있다가, 사람들이 문 밖에서 웅성대는 소리를 들었습니다. 버그필드 박사가 도착한 것이 분명했습니다. 불빛에 X-선 필름을 비추어보는 소리가 났기 때문에 박사가 데이브의 MRI를 보고 있다는 걸 알 수 있었습니다. 이윽고 부부는 다음의 네 단어를 말하는 낮은 목소리를 들었습니다.

"저 종양을 좀 보라구!"

　데이브 드라베키

종양?

종양? 방금 "종양"이란 단어가 들려왔습니다. 그동안 친구들이나 트레이너, 의사들 모두 데이브의 팔에 있는 그것을 "혹"이라고만 했었습니다. 첫 번째 MRI의 보고서에는 "혈종"이라고 적혀 있었고, 재니스와 데이브는 "반흔 조직(흉터가 생긴 조직 - 역자)"일지도 모른다는 얘기도 나눈 적이 있었습니다. 그러나 "종양"이라는 단어를 들은 것은 그때가 처음이었습니다.

그저 단어 하나일 뿐이지만 차이는 엄청났습니다. 종양은 양성일 수도 악성일 수도 있습니다. 만약 악성이라면 그것은 암에 걸렸다는 의미인 것입니다. 아무도 걱정하지 않았던 혹이 갑자기 공포가 되어 달려들었습니다. 데이브와 재니스는 서로를 쳐다보았습니다.

"기도하는 것이 좋겠어요." 재니스가 속삭였습니다.

"그래, 당장 기도하는 게 좋겠어!"

데이브는 검사 테이블에서 내려와 아내 옆의 의자에 앉았습니다. 둘은 손을 잡고 기도했습니다.

"하나님, 저희는 무슨 일이 생기려는 건지 모릅니다. 이것이 무슨 의미인지도 모릅니다. 어떤 일이 닥치든 간에 헤쳐 나갈 수 있는 힘을 주옵소서. 앞으로 일어날 일들에 맞설 용기를 주십시오!"

잠시 후, 존 버그필드 박사가 방으로 들어왔습니다. 그는 데이브의 팔을 잡고 이리저리 움직여보며 검사를 하고는 말했습니다.

"데이브 씨, 종양일 수도 있습니다. 생체검사를 받아보는 게 좋겠어요. 조금 후에 종양학자를 만나게 될 겁니다."

종양학자라는 단어를 들은 드라베키 부부는 더욱 두려워졌습니다. 종양학자가 암 전문 의사임을 알고 있었으니 말입니다.

버그필드 박사는 다음과 같은 말로 부부를 안심시켰습니다. "전 이게 악성 종양은 아닐 거라고 생각합니다. 생긴지

1년이 넘었는데 진행 속도가 악성 종양에서 관찰되는 것보다 훨씬 느려요. 하지만 확실히 해 둘 필요가 있으니까요.”

데이브는 종양학자를 만나기 전에 그 종양의 X-선을 더 많이 찍었습니다. 그리고 나서 그 병원 5층으로 가서 머슐러 박사를 만났습니다.

머슐러 박사도 데이브의 팔을 위아래 움직여 보고, 혹을 눌러보며 검사했습니다. 그리고 버그필드 박사가 했던 말을 반복했습니다.

“제 생각에 악성 종양은 아닌 것 같습니다. 하지만 확신할 수는 없어요!”

박사는 이게 암은 아니고 아마도 양성의 피부종일 것이라 생각하고 있었습니다.

생체검사는 언제쯤 해야 하는지 데이브가 묻자 박사는 대답했습니다. “빠를수록 좋습니다.”

집으로 돌아오는 차 안, 데이브도 재니스도 그저 입을 다물고 있었습니다. 세상이 갑자기 뒤집힌 것 같은 충격에 휩싸여 있었습니다. 가끔씩 재니스가 뭔가 이야기를 꺼내려다 그만 두곤 했습니다. 무슨 생각을 해야 할지, 무슨 말을 해야 할지 둘 다 감을 잡을 수 없었던 것입니다.

이틀 후, 데이브는 생체검사를 위해 병원으로 갔습니다.

박사는 데이브의 팔을 마취하고 약간 절개한
후에 그 사이로 종양의 일부를 끄집어냈습니
다. 검사가 끝난 후, 머슐러 박사가 보고를 겸
해서 회복실로 들어왔습니다. 박사는 종양이
삼각근 위로 자라고 있다고 말하며, 이해를
돕기 위해 그림을 그려서 삼각근이 어깨 위를 감싸고 있는
큰 방패 모양의 근육임을 알려주었습니다.

그리고 전에도 수없이 말한 것처럼, 이 종양은 악성이 아
닐 거라고 했습니다.

그러나 주의도 주었지요.

"하지만 100% 확실한 것은 아닙니다!"

드라베키 부부가 막 병원을 나가려고 할 때, 머슐러 박사
의 조수 중 한 명이 자기 전화번호가 적힌 명함을 주면서 말
했습니다.

"저는 프로 미식축구 선수였습니다. 그만 둘 때 정말 힘들
었죠. 앞으로 몇 달간 말상대가 필요할 때 저에게 전화하시면
함께 해드릴 수 있을 겁니다. 제가 도움이 될 지도 몰라요!"

무슨 뜻으로 한 제안인지 당시엔 데이브도 재니스도 몰랐
습니다. 나중에야 둘은 이 사람이 다른 의사들처럼, 종양으
로 인해 데이브의 야구 선수로서의 인생이 끝날 것이라고 생

각하고 있었음을 깨달았습니다.

데이브는 낙심했습니다. 집으로 오는 동안 내내 그는 몸 안에 종양이 - 자기 몸의 일부분으로 있어서는 안 되는 것이 있었고 그것이 자라고 있었다는 사실만 되풀이해 생각했습니다. 재니스는 좀더 낙천적으로 마음을 먹고 의사의 말에 용기를 냈습니다. 어쨌든 의사들은 혹이 악성이 아닐 것으로 생각하고 있었으니까요.

생체검사 결과를 기다리는 다음 이틀 동안, 데이브는 아이들과 공놀이를 했습니다. 밤에는 아이들의 침실로 들어가서 자는 모습들을 지켜보았습니다. 그는 자신이 아이들을 얼마나 사랑하는지, 아내를 얼마나 사랑하는지 생각했습니다. 죽어서 이들 곁을 떠나는 건 정말 싫었습니다. 하지만 팔의 이 종양 때문에 설령 죽게 된다 하더라도 천국에서 예수님을 만날 것임을 그는 잘 알고 있었습니다. 그렇게 생각하니 평생처럼 길게 느껴진 이틀 동안 기분은 많이 나아지는 걸 느꼈습니다.

생체검사 결과를 기다리고 있는 동안 재니스의 사촌인 마크가 전화를 했습니다. 마크는 텍사스에서 암 수술 전문의로 있었는데, 드라베키 부부가 머슐러 박사로부터 결과를 통보받았는지 궁금해 했습니다. 재니스가 아직 응답을 받지 못했다고 하자 그는 전화를 걸어 결과를 알아보겠다고 했습니다. 1시간 뒤 다시 전화가 걸려왔고, 재니스가 받았습니다.

데이브는 거실에 서서 통화가 끝날 때까지 듣고 있었습니다.

마크의 말에 따르면 1차 결과는 암이었습니다.

마크는 재빨리 덧붙였습니다.

"하지만 어차피 암에 걸려야 할 운명이라면 이건 가장 나은 경우라고 할 수 있어!"

마크의 설명에 따르면 이것은 일종의 암인 유건종이라서 진행 속도가 느리고 신체의 다른 부위로 퍼져나갈 가능성이 적다는 것이었습니다. 따라서 이 종양이 암이긴 하지만 목숨에는 아무 지장이 없다고 했습니다. 그러나 팔을 쓰지 못하게 될 가능성이 높았습니다. 내버려두면 계속 자라서 퍼질 것입니다. 이런 종류의 암은 수술만이 유일한 치료 책인데, 팔에서 암 조직을 철저히 제거하지 않으면 언제 재발할지 알 수 없는 일이었습니다.

마크가 말했습니다.

"즉시 제거해야 해. 미룰수록 득될 게 전혀 없다고!"

일주일 후, 데이브는 아내와 어머니와 함께 생체검사 최종 보고를 들으러 머슐러 박사를 찾아갔습니다. 데이브는 운전하는 내내, 살 수 있다는 것을 행복해 했습니다. 팔에 난 혹의 정체가 마침내 밝혀진 것도 기뻤습니다.

재니스는 종양과 암 때문에 걱정하는 건 물론이고, 자이언
츠팀이 남편의 수술을 연기하고 한 시즌 더 던지게 할까봐
그것도 걱정이 되었습니다.

머슐러 박사는 마크가 알려준 것과 같은 말을 했습니다.
유건종에 대한 최선의 치유책은 수술이며, 암세포 전부를 확
실히 제거하기 위해선 종양 둘레의 많은 부분을 잘라낼 필요
가 있다는 것입니다.

박사의 설명에 따르면, 문제는 종양이 상박골에 위치해 있
다는 것이었습니다. 그러면 보통은 뼈의 많은 부분을 잘라내

야 합니다. 그러나 박사는 좀더 나은 치료법이라고 인정받고 있는 새로운 방법인 저온수술을 시도해 보고 싶어했습니다. 그것은 뼈의 끝부분까지만 잘라내고 뼈 근처의 종양 부분을 액체 질소로 얼리는 방법이었습니다. 질소가 암세포 뿐 아니라 정상 뼈세포를 포함한 모든 세포를 죽이게 되겠지만, 다른 방법보다는 팔에 가해지는 손상이 적을 것이란 생각이었습니다.

드라베키 부부와 데이브 어머니는 그 절차와, 다른 방법은 없는 것인지 등 여러 가지 질문을 했습니다. 그 와중에 데이브는 매우 중요한 질문을 했습니다.

"그럼 제 직업은 어떻게 되는 겁니까?"

"데이브 씨!" 박사는 조용히 대답했습니다.

"이 수술을 받게 되면, 제 생각에 프로야구로 돌아가 뛸 수 있는 가능성은 제로입니다."

데이브는 처음에 프로야구라는 말이 메이저리그를 의미하는 줄 알았습니다.

"괜찮습니다. 마이너리그 투수로 후퇴하게 되더라도 신경쓰지 않겠어요!"

"제 말을 이해하지 못하신 것 같군요!" 머슐러 박사가 말을 가로막았습니다.

"삼각근의 절반을 잃는다는 것은 당신 팔의 가장 힘센 세 개의 근육 중 하나를 떼어낸다는 뜻입니다. 바라건대 물리요법을 철저히 받으면 마당에서 자녀분들과 공놀이를 할 수 있을 정도는 가능할 겁니다."

방안이 삽시간에 조용해졌습니다.

마침내 데이브가 입을 열었습니다.

"프로야구가 불가능하다고요?"

"그렇습니다!"

데이브는 그 즉시 대답했습니다.

"이보세요, 의사 선생님, 그렇게 되어야 한다면 뭐 할 수 없는 거지요. 전 나름대로 화려한 경력을 쌓아 왔어요. 올스타 경기에서도 뛰었고, 내셔널리그에서 두 번, 월드 시리즈에서 한 번 투구를 했습니다. 감독들은 내가 절대 메이저리그에서 공을 던지지 못할 거라고 했었는데 말이죠! 난 그 모든 순간들을 즐겼습니다. 앞으로 무슨 일이 닥치건 간에 그렇게 대처할 준비가 되어 있습니다."

"만약 다시는 뛰지 못하게 되더라도, 하나님께서 제가 있을 다른 곳을 마련해 주실 것을 알고 있습니다. 그러나 전 기적을 행하시는 하나님을 믿어요. 내가 공 던지는 것을 그분이 원하신다면 나는 삼각근이 있든 없든 던질 겁니다."

수술 날짜는 10월 6일로 잡았습니다. 바로 재니스와 데이브의 결혼기념일이었습니다. 정확히 1년 전, 데이브는 내셔널리그의 승리 투수였던 것입니다.

그날 밤, 부부는 아이들에게 종양과 수술에 대해 말해 주었습니다. 아버지가 다시는 야구를 할 수 없을지도 모른다는 것도 말했습니다.

티파니는 잠시 생각하더니 물었습니다. "이제 이사 다니지 않아도 돼요? 한 학교에 계속 다니고 항상 할머니 할아버지 근처에서 살 수 있어요?"

조나단도 이해한 것 같았습니다. "아빠, 그럼 저랑 매일 축구할 수 있겠네요?"

엄마 아빠가 고개를 끄덕이자, 아이들은 즐거워하기 시작했습니다.

  데이브 드라베키

엑스레이 사진을 보면 뼈는 잘 치유되고 있었지만
냉동되었던 뼈는 적어도 수술 후 1년 동안은
정상적인 뼈보다 더 쉽게 부서질 가능성이 높았습니다.

수술

수술 전날 데이브와 재니스는 목사님에게, 성경 말씀에 나온 절차를 자기들도 받았으면 좋겠다고 부탁했습니다. 야고보서 5장 14절에는 아픈 사람이 있을 때에 교회의 장로들을 청해 함께 기도해야 한다고 되어 있습니다. 그래서 데이브가 수술을 위해 병원에 가기 전날 밤, 성막복음장로교회의 성도 25명 정도가 교회 근처의 기도방에 모였습니다. 드라베키 부부를 위한 기도 모임이었습니다.

데이브는 그들 가운데 놓인 의자에 앉았습니다. 밥 스타우퍼 목사는 곧 수술로 잘라내게 될 그의 어깨에 손을 얹었습니다. 가까이 있는 다른 사람들도 그에게 손을 얹었습니다.

사람들은 한 명씩 기도하기 시작했습니다.

그들은 하나님께, 데이브를 당신의 손안에 두시고 지켜 달라고 간구했습니다. 수술을 할 의사들을 위해서도 기도하고 결과가 어떻게 되든 두 사람에게 평화를 주십사라고 기도했습니다. 데이브는 그 곳에 앉아 있으면서 평화로 충만해졌고, 하나님의 사랑과 보살핌으로 둘러싸인 듯한 느낌을 받았습니다.

모임이 끝난 후, 스타우퍼 목사는 이런 얘기를 했습니다. "기도하는 동안 참으로 이상한 일이 일어났습니다. 당신 어깨에 얹은 제 손이 너무나 뜨거워졌어요. 너무 뜨거워 손을 떼어야 할 정도였어요. 그게 뭘 의미하는지는 모르겠습니다만, 오늘밤 하나님께서 역사 하신 것이 분명합니다."

데이브는 기도 모임을 떠나며 자신이 사랑하는 하나님의 손안에 있다는 확신을 얻었습니다.

다음날 아침, 그는 아내와 어머니와 함께 클리블랜드로 갔습니다. 그리고 검사를 받고 피를 뽑으며 하루를 보냈습니다. 다음날 오전 5시 30분에 그는 병원으로 들어갔으며, 수술이 시작되기 전에 의사와 간호사들에게 말했습니다. "들어주세요. 지금 많은 분들이 당신들을 위해 기도하고 있습니다. 예수님께서 주관하고 계시며, 저는 선생님들 한분 한분을 절대적으로 신뢰합니다.”

　데이브를 마취한 후, 머슐러 박사는 종양 둘레의 건강한 살의 경계를 따라서 종양을 천천히, 주의 깊게 잘라내기 시작했습니다. 그는 기초신경을 건드리지 않도록 주의했습니다. 만에 하나 다치게 되면 데이브는 손을 움직일 수 없게 되는 것입니다. 그는 삼각근에서 다른 근육들을 차분히 분리했습니다. 그리고 종양 전부를 제거하기 위해 마침내 삼각근의 절반을 잘라냈습니다.

　이제 남은 것은 상박골에서 종양을 제거하는 것뿐이었습니다. 그 곳이 바로 머슐러 박사가 조금만 잘라내고 조직을 얼리는 저온수술을 시도한 부분이었습니다. 종양을 들어올리기 위해 모든 뼈와 종양의 각 부분들을 얼리고 녹이기를 3번씩 반복한 후, 다음 부분으로 넘어갔습니다. 머슐러 박사는 그 과정을 10번이나 반복하고서야 데이브의 팔에서 종양을 모두 들어올려 떼어 낼 수 있었습니다.

　수술하는 동안 재니스와 어머니는 대기실에 있었습니다. 오전 7시 전에 수술실로 들어갈 때, 약 4시간 정도 걸릴 것이라고 머슐러 박사가 말했기에 재니스는 남편이 정오 전에는 나올 수 있을 것이라 생각하고 있었습니다.

　그러나 대기실에 함께 있던 다른 환자의 가족들이, 사랑하

는 사람의 수술이 성공하여 회복실로 가라는 기쁜 소식을 맞이하는 모습을 둘은 지켜보고만 있어야 했습니다. 아무도 그들의 이름은 부르지 않았습니다.

마침내 오후 1시 30분경, 버그필드 박사가 수술실에서 대기실로 전화를 했습니다. 수술이 예상보다 길어지고 있지만 잘 되고 있다는 말을 전하고, 데이브가 "불구"의 몸은 될지언정 그렇게 걱정하진 말라고 했습니다.

재니스는 좌절했습니다. 의사가 데이브의 팔을 절개했을 때 하나님께서 기적을 일으켜 종양을 치료하신 것을 발견하게 되기를, 어느새 종양이 사라져 버렸거나 신기하게도 반흔 조직에 불과한 것으로 바뀌어져 있기를 마음 속으로 바라고

  데이브 드라베키

있었던 것입니다. 버그필드 박사의 전화는 그런 소망을 짓밟아 버렸습니다. 재니스는 남편이 "불구"가 된다는 말을 이해할 수 없었습니다. 너무나 걱정이 되었습니다.

　재니스는 계속 기도했습니다. 시간이 많이 흘렀습니다. 마침내 오후 5시 30분, 한 간호사가 재니스에게 일러주기를 남편은 회복실에 있으며 몇 분 뒤 의사가 나와서 경과를 얘기해 줄 것이라고 했습니다. 그러나 의사는 6시가 넘어서야 나와서, 문제가 좀 생겼다는 말을 했습니다. 오랜 시간 수술하는 동안 옆으로 누워있다 보니 다리에 혈액순환이 저하되는 바람에, 혈액순환을 정상화시키고 다리의 고통을 덜기 위한 응급 처리를 위해 그를 수술실로 다시 데려갔다는 것입니다. 이 두 번째 수술로 또다시 길고 진 빠지는 2시간을 보내야 했습니다.

　머슐러 박사는 마침내 대기실로 돌아와서 재니스에게 수술에 관한 전반적인 사항을 말해 주었습니다. 남편 팔의 삼각근을 절반 이상 제거하였고, 다리는 정상으로 돌아왔습니다. 물리치료를 열심히 하면 언젠가는 팔을 머리 위로 들어올릴 수는 있겠지만, 아마도 팔을 등 뒤로 뻗쳐 뒷주머니에 꽂힌 지갑을 꺼낸다든가 하는 일은 영원히 하지 못할 것이라고 말했습니다.

재니스는 박사를 쳐다보며 말했습니다.

"그러니까, 기적이라도 일어나지 않고는 다시는 공을 던지지 못할 거라는 말씀이시군요!"

박사는 그녀의 눈을 똑바로 바라보며 대답했습니다.

"예, 기적 없이는 다시는 그런 일은 없을 겁니다!"

데이브는 닷새 동안 더 병원에 머물렀습니다. 그는 팔 뿐 아니라 다리 때문에도 매우 고통스러워했습니다.

마침내 집에 갈 날이 왔습니다. 차에 타자마자 그는 아내에게 말했습니다. "지금 당장 아비스(음식점 이름 - 역자)에 좀 데려다 줘!"

데이브는 햄 치즈 샌드위치 한 개, 칠면조 고기 딜럭스 한 개, 컬리 프라이 한 개를 먹고 나자 기분이 좀 좋아졌습니다. 집으로 돌아오면서, 그는 회복하기엔 아직 갈 길이 멀다는 것을 깨달았습니다.

다음날인 목요일 밤, 그는 월드 시리즈의 마지막 경기인 다저스팀과 에이즈팀의 경기를 보고 있었습니다. 경기가 시작한 지 얼마 안 되어서 아내는 일찍 잠자리에 들었습니다.

 데이브 드라베키

데이브는 늦게까지 남아 끝까지 경기를 보았습니다. 오렐 허샤이서가 마지막 투구를 하고 다저스 선수들이 축하하기 위해 뛰어나오는 것을 보며 그는 자신의 마지막 시즌을 떠올려 보았습니다. 1988년 시즌 첫 경기에서 그는 바로 이 다저스 팀을 상대로 멋진 투구를 했던 것입니다! 1988년이 자신의 해가 될 것이라고 생각했었지요. 이제 야구 인생은 끝이 났습니다. 데이브는 어둠 속에 앉아 울었습니다.

드라베키 부부는 그들이 성장한 오하이오주 보드맨에 새 집을 짓고 있는 중이었는데 아직 미완성이라 데이브가 회복되는 동안 부모님 댁의 지하실에서 살았습니다. 거의 매일 그는 현장에 나가서 공사 인부들의 작업을 점검했습니다. 작업이 너무나 느리게 느껴졌습니다.

부모님 댁 지하실의 소파 겸용 침대는 불편해서 부부는 잠을 잘 이룰 수가 없었습니다. 데이브는 팔과 다리의 고통으로 아주 애를 먹었고, 극심한 두통에 시달렸습니다. 퇴원한 첫 주에 부부는 교회에 갔습니다. 그 날 아침 담임목사는 성도들에게 기도 요청이나 감사하고 싶은 간증 등, 나누고 싶은 것이 있는지 물었습니다.

데이브는 지팡이를 짚고 일어서서 말했습니다.

"여러분 모두의 기도에 감사 드리고 싶습니다. 병원에 있는 동안 저는 정말 깊은 평화를 느꼈습니다. 여러분들의 기도가 있었기에 가능했습니다!"

그리고는 잠시 쉬었다가 다시 입을 열었습니다.

"다시는 야구를 할 수 없더라도 상관없는 평화로운 곳에 전 지금 와 있습니다."

두 사람은 교회 한가운데서 울음을 터뜨리고 말았습니다.

수술이 끝나고 2주 후, 데이브는 꿰맨 부위를 검사 받기 위해 머슐러 박사를 찾아갔습니다. 팔을 머리 위로 올려보라는 박사의 지시에 데이브는 팔을 천천히 머리 위로 올렸습니다. 그런데 그 동작은 몇 달이 있어야 가능할 것으로 예상하던 것이었습니다.

"이거 놀랍군요!" 머슐러 박사는 말했습니다.

물리치료요법이 진행되는 하루하루, 데이브는 제거한 삼각근의 원래 역할을 다른 근육들이 맡을 수 있도록 하기 위해 열심히 노력했습니다. 수술 이후 단 5주 만에 그는 치료요법을 마치고 집으로 와서 아내에게 외쳤습니다. "이것 보라고!"

그는 왼팔로 뒷주머니의 지갑을 꺼내 조리대 위에 올려놓았습니다.

"어머나!" 재니스는 감탄했습니다.

그 동작을 하려면 몇 달간의 물리치료가 필요할 것이고,

 데이브 드라베키

어쩌면 영원히 할 수 없을지도 모르는 동작이라고 의사는 말하지 않았던가!

"그게 다가 아니야." 데이브는 말했습니다.

그는 공을 왼손에 쥔 시늉을 하며 잠시 서 있다가, 곧 천천히 공을 던지는 동작을 취했습니다.

재니스는 울기 시작했습니다. "믿을 수가 없어요!"

둘은 언젠가는 다시 공을 던질 수 있을 것이라는 희망을 가지기 시작했습니다.

물리치료요법은 아주 힘들었습니다. 처음에는 데이브 스스로 팔을 움직일 수 없었기 때문에 물리치료사인 켄 존슨이

대신 팔을 움직이는 것으로 시작했습니다. 그 후 혼자 운동을 할 수 있게 되자 접착 부직포를 감은 손목에 500gr 정도 무게의 추를 달았습니다. 데이브는 그 작은 500gr 짜리 추를 한 시간 정도 계속 움직였습니다. 처음에는 그 한 시간만으로도 녹초가 되었지요! 하지만 그는 천천히 무게를 1kg, 1.5kg으로 늘려 나갔고, 마침내 2.5kg까지 늘렸습니다. 다시 공을 던질 수 있을지는 몰라도, 적어도 팔을 다시 사용할 수 있기 위해서는 노력하는 수밖에 없음을 그는 잘 알고 있었습니다. 나머지는 하나님의 뜻에 달린 것이었습니다.

수술 후 6주가 지난 11월 18일, 드라베키 가족은 마침내 새로 지은 집으로 이사했습니다. 데이브가 물리치료요법에서 보인 진전과 더불어 그것은 새로운 시작을 약속하는 듯 보였지요. 그들은 새 집에서 크리스마스를 축하했습니다.

수술 후 3개월이 지난 1월 9일, 그는 클리블랜드 진료실에서 검사를 받았습니다. 데이브는 자신이 왼팔로 할 수 있는 것들을 보여 주면 의사들이 얼마나 놀랄까 생각하며 흥분했습니다.

버그필드 박사와 조수들이 먼저 검진하러 들어왔습니다. 그들은 데이브의 진전에 정말 놀라워했습니다. 그들이 방을 나간 후, 머슐러 박사가 들어와 데이브에게 청했습니다.

 데이브 드라베키

“자, 왼팔로 할 수 있는 것들을 보여 주세요!”

데이브는 박사가 틀림없이 보고 싶어할 거라 생각되는 동작으로 시작해서 계속 놀랄만한 동작을 취했습니다. 팔을 옆으로 들어올리고 뒤로 곧게 뻗었습니다. 그는 이제 왼팔을 오른팔만큼이나 멀리 뒤로 뻗을 수 있었습니다. 팔을 위로 곧게 뻗기도 했습니다. 머슐러 박사는 눈앞에 보고 있는데도 도저히 믿을 수가 없었습니다. 그는 벌떡 일어나 데이브에게 와서는 손을 어깨에 얹었습니다.

“다시 해 봐요!”

그는 팔 근육들이 움직이는 것을 만져보면서, 어떻게 그런 동작이 가능한지 알아내려고 했습니다.

“측면 근육이 사용되고 있는 게 분명하군!” 하고 박사는 의견을 냈습니다.

버그필드 박사와 조수들이 다시 들어와 5명의 의사 모두는 데이브의 움직임을 관찰했습니다.

버그필드는 머슐러를 돌아보며 말했습니다. “봤나? 이 사람은 보통 사람이 아니라고 내가 그랬지. 그는 운동선수라서 다르다고 말이야!”

“정말 놀라워!” 머슐러 박사도 동의했습니다.

“그럼,” 버그필드가 말했습니다.

"이제 공을 던져보도록 하죠. 어떻게 생각하나, 조지? 던질 수 있을까?"

그러나 머슐러는 신중했습니다. 엑스레이X-Ray 사진을 보면 뼈는 잘 치유되고 있었지만 냉동되었던 뼈는 적어도 수술 후 1년 동안은 정상적인 뼈보다 더 쉽게 부서질 가능성이 높았습니다. 게다가 저온수술은 워낙 최신의 기술이라 뼈가 원상태로 튼튼하게 되는 데 얼마나 걸릴 지 아무도 모르는 일이었습니다.

뼈가 얼어붙어 있는 상태로 시속 145km로 야구공을 던지려고 시도했던 사람은 분명 없었습니다. 더욱이 팔에 삼각근이 없는 상태에서 프로야구 투수로 활동한 사람은 없었습니다.

 데이브 드라베키

"그동안의 야구 인생을 돌이켜 볼 때,
그 경기보다 더 행복했던 순간은 없었습니다.
세상 꼭대기에 서 있는 기분이었죠!"

세상 꼭대기에 서서

데이브는 야구가 너무 하고 싶어서 3월의 봄 훈련 중 마지막 이틀 간을 참가했습니다. 그래서 오랜만에 스파이크화를 신고 야구장을 걸어볼 수 있었습니다. 그는 동료 애틀리와 공받기를 하고 애리조나의 태양 아래에서 달리기를 조금 했습니다. 그가 공을 던지는 것을 본 사람은 누구나 놀랐습니다. 데이브는 기분이 아주 좋아서, 여름이 가기 전에 꼭 돌아와서 투구를 하겠노라고 모두에게 말했습니다.

4월에 샌프란시스코로 돌아온 후, 자이언츠팀의 물리치료사인 래리 브라운은 데이브에게 약간의 팔 운동을 시킨 다음 나가서 공을 던져 보라고 했습니다. 세 번을 던지자 래리는 그만 하라고 한 후에 물었습니다.

"도대체 어떻게 그렇게 할 수가 있는 거죠?"

데이브는 정상 속도에 가깝게 던질 뿐만 아니라 팔의 움직임도 수술 전과 동일했습니다. 팔의 주요 근육들이 대부분 제거되었기 때문에 물리치료사는 투구 방법도 완전히 달라졌을 것이라고 예상했는데 말이지요.

데이브는 그에게로 걸어와 글러브를 팔 아래에 끼우며 말했습니다.

"래리, 내가 어떤 어려움에서 빠져나온 사람인지 알아둘 필요가 있겠네요. 내가 아는 한 이 모든 것은 하나님께서 베푸신 기적입니다!"

당황하는 표정으로 래리는 말했습니다.

"달리 설명할 방도가 없군요!"

그러나 몇 주간의 치료요법과 투구 후에 데이브는 낙심하기 시작했습니다. 어떻게 해 봐도 공을 그 이상 강하게 던질 수가 없었습니다. 마치 팔이 죽어버린 것 같은 느낌이 들었습니다. 설상가상으로 어깨가 아프기 시작해서 며칠 간 쉬고 다시 시도해 보았습니다. 어깨는 마치 못을 박아놓은 듯한 느낌이었습니다. 그래서 의사와 물리치료사는 앞으로 한 달 내내 훈련이나 투구 연습 등 운동을 아주 쉬어야 한다는 걸

론을 내렸습니다.

"동료들은 저를 딱하게 생각했습니다."

데이브는 인정합니다. "저도 저 자신이 한없이 불쌍했어요!" 그는 연습 시간에 모습을 나타냈고 유니폼을 입고 경기장에 갔지만 그런 건 아무 소용이 없었습니다.

"진짜 야구 선수가 아니라, 마치 유령이 된 것 같은 기분이었어요!"

한 달간의 휴식 후, 처음 공을 던질 때도 데이브는 다시 욱신거림을 느꼈기 때문에 하루를 쉬고 다시 투구를 했습니다. 안타깝게도 다시 시작된 고통은 참을 수 없을 정도가 되었습니다. 그는 실망해서 집으로 와 아내에게 말했습니다.

"다시는 야구를 할 수가 없는 건가 봐!"

다음 날 그는 애틀리에게 팔이 아파서 던질 수가 없다고 했지만, 친구는 공받기를 좀 해 보자고 제안했습니다.

"안 하는 게 좋겠어!" 데이브는 말했습니다.

"더 이상 잃을 것도 없잖나?" 애틀리는 물었습니다.

"물리치료도 마쳤고 말이야, 자네 팔은 튼튼하네. 어린애처럼 굴지 말라고. 이제 때가 됐어. 해 보자고!"

그래서 그들은 공 주고받기를 시작했습니다. 데이브는 멀리 던질수록 팔의 느낌이 좋아지는 것을 알고 친구에게 느낌

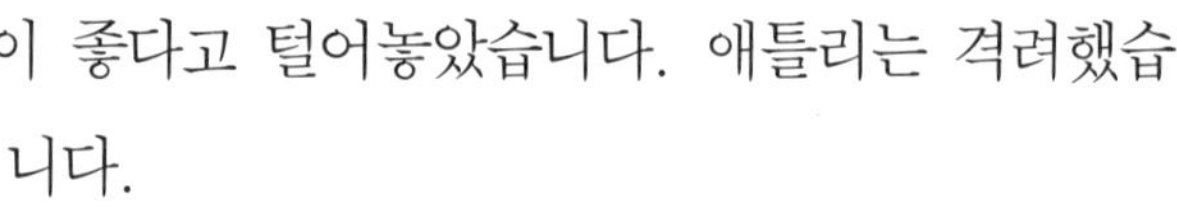

이 좋다고 털어놓았습니다. 애틀리는 격려했습니다.

"좋아. 그 고통을 이기고 던져 봐. 이제 어리광은 그만 둬야지!" 그러면서 그는 뒤로 물러섰고, 둘은 서로 강하게 던지기 시작했습니다. 놀랍게도 팔이 조금씩 살아나고 있는 듯한 느낌이 들었습니다. 며칠 후 데이브는 마운드에서 던질 수 있게 되었습니다. 며칠이 더 지나, 투구 코치인 노먼 셰리는 데이브에게 타격 연습을 위한 공을 던져 보자고 제안했습니다. 그는 분명히 다시 좋아지고 있었던 것입니다.

7월 6일에 데이브는 다시 MRI 검사를 받았습니다. 의사는 근육이 제거된 공간을 혹이 채우고 있는 것 같다며, 그게 또 다른 종양일지도 모르지만 단언하기에는 이르다고 말했습니다. 감독이 동료들과의 연습 경기 일정을 잡아놓았기 때문에 데이브는 그 말에 신경 쓰지 않았습니다. 그는 3회 동안 60개 정도의 공을 던졌는데 꽤 좋은 제구력을 보였습니다. 그의 강속구는 시속 132km 정도까지 나왔습니다. 전성기 때 그는 시속 142km 정도를 던질 수 있었지요.

머칠 후, 데이브는 연습 경기를 다섯 차례 하며 100개의 공을 던졌습니다. 팔 상태는 느낌이 좋았고 제구력도 나아졌

  데이브 드라베키

으며, 타자들 대부분을 아웃 시켰습니다. 노먼 셰리는 최대 얼마나 나오는지 보기 위해 마지막 대여섯 개의 공을 최대한 빨리 던져보라고 했습니다. 그렇게 던진 후에도 팔은 여전히 느낌이 괜찮았습니다. 그는 스크린을 보고 물었습니다.

"얼마나 나왔지요?"

"시속 137km까지 나오는군!"

"대단하군!" 데이브는 환호했습니다. 전성기 때에 비해 고작 5km가 모자랄 뿐이었습니다. "이제 불이 붙었다고!"

그는 코치인 노먼을 보며 말했습니다.

"이봐요, 노먼! 이제 실전을 할 수 있는 준비가 됐어요. 피닉스로 가서 몇 명 아웃 시켜 주고 싶군요. 어떻게 생각해요?"

데이브는 피닉스에 있는 샌프란시스코의 AAA급 팀에서 재기할 수 있기를 희망했지만, 자이언츠팀은 그를 마이너리그의 최하급인 A급에서 시험해 보기 위해 산호세 자이언츠팀에 배정했습니다.

산호세팀은 스톡턴 근처에서 경기를 하고 있었는데 그 지역 라디오 방송국에서 데이브가 투수로 등판할 것이라는 방송이 나간 후, 표가 매진되었습니다. 팬들은 경기가 시작하기 2시간 전부터 줄을 서 있었습니다. 클럽하우스에서 데이브는 시간을 내서 기도를 드렸습니다. 그는 라커 앞에서 머리를 숙이고 하나님께 모든 경기를 맡겼습니다. 주님께서 다시 뛰도록 생명을 주셨으니 이기든 지든 하나님을 영화롭게 하기를 원한다고 기도 드렸습니다.

데이브가 구장에 들어서자 관중들은 완전히 열광에 빠졌습니다. 큰 구장은 아니었지만 터져나갈 것 같았습니다. 관중은 전부 일어섰고, 펜스에 억지로 올라가서 더 잘 보려고 고개를 빼서 소란스레 응원을 했습니다. 마이너리그 경기였지만 데이브는 메이저리그에서와 같은 긴장감을 느꼈습니다.

산호세팀이 1회 초에 득점해서 데이브는 1대 0으로 앞서는 상황에서 마운드에 섰습니다. 그는 투수판을 딛고 심호흡을 했습니다. 첫 타자가 두 번 파울 볼을 쳐서 투 스트라이크 상황이 된 후, 왼쪽으로 높게 뜬 공을 쳐서 데이브는 첫 번째 아웃을 잡았습니다. 기분이 아주 좋았습니다.

연이어 2명을 더 잡고 데이브는 덕 아웃으로 돌아와 동료들과 장난을 쳤습니다. 나중에 사람들은 그보다 더 경기를 재미있게 하는 사람을 본 적이 없다고 말했지요. 그건 재미있는 체 하는 꾸밈이 아니었습니다. 그렇게 힘든 일들을 겪고 돌아온 데이브는 다시 재미를 되찾은 것입니다.

데이브는 첫 3회 동안 안타를 하나도 허용하지 않았습니

 데이브 드라베키

다. 4회에 안타 하나를 허용했으나 주자를 아웃 시키고 타자들을 계속 잡아나갔습니다. 5회, 6회는 순식간에 지나갔습니다. 하지만 마지막인 7회 무렵이 되자 그는 지치기 시작했습니다. 더블헤더(같은 팀끼리 당일 두 번 경기를 치르는 것 - 역자)의 첫 경기였기 때문에 경기는 평소보다 2회를 줄여서 하고 있었습니다.

7회말 스톡턴팀의 첫 타자는 강한 2루타를 날렸습니다. 다음 타자는 뜬 공을 쳤는데 주자가 들어와서 동점을 만들기 전에 잡았습니다. 그 다음 타자는 3루 쪽으로 번트를 대었습니다. 데이브는 병살을 시도하려고 두 걸음 돌진하여 몸을 던졌습니다. 글러브에 볼이 들어왔으나 땅에 엎어지면서 그만 공이 굴러 나왔습니다. 공을 다시 잡아서 포수가 "3루! 3루!"하고 외치자 무릎을 꿇고 주자를 잡기 위해 3루로 던졌습니다. 투 아웃이 되었습니다.

"마지막 아웃은 어떻게 잡았는지 기억이 안 납니다." 데이브는 말합니다.

"그저 기억나는 건 모든 선수들이 마운드에 모여서 저를 두드리고 플레이오프에서 이기기라도 한 것처럼 소리를 지르고 있었다는 것뿐이죠. 관중들도 환호하고 있었어요!"

"그동안의 야구 인생을 돌이켜 볼 때, 그 경기보다 더 행복했던 순간은 없었습니다. 세상 꼭대기에 서 있는 기분이었죠!"

데이브는 한 경기를 완투하면 자신을 피닉스로 보내 줄 것으로 생각했지만 자이언츠 구단측은 그가 네바다주 르노에서 열리는 산호세 자이언츠팀 경기에 한 번 더 등판하기를 원했습니다. 르노의 낡은 경기장은 거의 꽉 들어찼습니다. 그의 재기에 관한 소식을 들은 사람들은 눈으로 직접 확인하기를 원했습니다.

데이브는 초반에 3점 홈런을 내 주었습니다. 그는 말합니다. "4회 들어 갑자기 밝은 조명이 켜진 것 같은 기분이 되었습니다. 그냥 바로, 확신이 들더군요. 그때까지 한 번도 경험하지 못한 감정이었어요. 스톡턴에서조차도요. 이제까지 잘 던져 왔지만 이건 그냥 '잘 던지는' 수준이 아니었어요. 눈을 감고도 작은 점을 맞출 수 있을 것 같았습니다. 마치 종이 울리는 것 같았습니다. 남은 5회 동안 전 르노팀을 무너뜨리고 게임을 끝냈습니다. 공을 100개 정도 던졌고 7대 3으로 이겼지요!"

경기 후, 클럽하우스에서 데이브는 자이언츠팀의 감독인 알 로젠에게 전화를 했습니다. 로젠은 그를 피닉스로 옮겨 줄 수도 있다고 했습니다. 그럼 그 다음 단계는 메이저리그

   데이브 드라베키

가 되는 것입니다!

　피닉스에서 경기하기 전, 데이브는 다시 기도의 시간을 가졌습니다. 그는 하나님께 승리를 구하지 않았습니다. 대신 메이저리그로 가는 문을 활짝 열어주시든지, 아예 쾅 닫아버리시기를 기도 드렸습니다. 그는 모든 것이 확실해지기를 원했습니다. 성공에 대한 열망이 너무나 강해서, 그는 자신이 육체적으로 영적으로 아직 준비가 되지 않은 상황으로 스스로를 몰아넣을지도 모른다는 생각을 했던 것입니다.

　경기가 진행되면서, 하나님께서 문을 열어주시리라는 것은 의심할 여지가 없어졌습니다. 데이브는 최상의 투구를 했습니다. 한 명도 내보내지 않고 무실점으로 7회를 던졌습니다. 그는 다시금 확신이 솟는 것을 느꼈습니다. 오래된 친숙한 느낌이었지요. 8회에 2실점을 해서 점수 차가 1점으로 좁혀졌습니다. 하지만 감독이 9회에도 나가겠냐고 물었을 때, 그는 주저하지 않았습니다.

　"이 경기는 제 것입니다!" 이기든 지든 자신이 끝내고 싶었던 것입니다.

　그는 마지막 회에 상대를 제압해 경기를 3대 2로 이겼습니다. 그는 7개의 안타를 허용했고 삼진을 3개 잡았으며 포볼은 없었습니다. 경기 후, 데이브는 오직 자기 투구를 보러 일부러 샌프란시스코에서 날아온 자이언츠 구단의 임원 밥 케네디를 만나러 클럽하우스로 곧장 갔습니다.

"케네디 씨! 케네디 씨! 알 로젠에게 아직 말 안 했나요?" 그는 결과가 정말 알고 싶었습니다.

케네디가 방금 로젠과의 통화를 끝냈다는 것을 안 데이브는 급히 물었습니다. "뭐라고 하던가요? 이만하면 메이저리그에 갈 만하지 않나요?"

"훈련을 좀더 하고 몇 경기 더 해 본다면…"

데이브는 그가 자신을 놀리고 있다는 것을 알고는 무릎을 꿇고 비는 시늉을 했습니다.

"제발. 전 준비가 다 됐어요. 제발 절 샌프란시스코로 보내 주세요!"

그를 내려다보던 밥 케네디는 마침내 미소를 지었습니다. "짐을 챙기게!" 간절히 기다리던 대답이 튀어나왔습니다. "메이저리그로 돌아가는 거야!"

기적적인 재기

샌프란시스코로 돌아왔을 때, 재니스는 이 말만 되풀이했습니다. "데이브, 도저히 믿을 수가 없어요!"

"제가 메이저리그로 복귀하는 건 분명 기적이었죠. 하지만 그건 '나'만이 아닌 아내와 나, '우리'의 기적이었습니다." 라고 데이브는 말합니다. 드라베키 부부는 그들의 기적에 대해 얼마나 많은 사람들이 열광하고 있는지 아직 깨닫지 못하고 있었습니다. 그걸 깨닫게 된 건 어느 화요일, 로저 크레이그 감독이 데이브를 목요일에 있을 신시내티 레즈팀과의 경기에 선발로 지명했을 때였습니다.

부모님도 비행기를 타고 경기를 보러 찾아왔습니다. 아버지는 그때, 라디오에서 들었던 소식 한 가지에 관해 데이브에게 물었습니다. "너 KNBR(스포츠전문 라디오방송국)에 나온 알렉스 블라호스 얘기에 대해 알고 있니?"

"아뇨, 모르겠어요!"

알렉스는 백혈병을 앓고 있는 소년이었는데 데이브는 약 두 달 전, 스탠포드아동병원에 입원해 있는 그 소년을 방문한 적이 있었습니다.

"그럼 이걸 좀 들어보는 게 좋겠다!"

아버지는 자이언츠팀의 경기를 방송하는 방송국의 라디오 프로그램에 주파수를 맞추었습니다. 조금 후 방송에서는, 목요일 레즈팀과의 경기에서 데이브가 던지는 공 하나하나에 기부금을 약속해 달라고 청취자들에게 부탁하는 내용이 흘러나왔습니다. 그렇게 모금된 금액은 알렉스에게 골수를 기증하고 싶어하는 증여자들의 적합 여부 가능성을 테스트하는 생명구제재단으로 가게 된다는 것입니다.

알렉스 소년의 완치 여부는 오직 그와 꼭 맞는 골수를 가진 기증자를 찾는 데 달려 있었습니다. 인척 관계가 아닌 경우 골수가 들어맞을 가능성은 15,000분의 1밖에 안 되기 때문에 기증자가 나타날 때마다 전부 테스트해 볼 필요가 있었던 것입니다. 알렉스의 부모는 만약 데이브가 아들을 방문해

준다면 지역 TV와 라디오 방송국이 그 일을 크게 다룰 것이고, 그러면 골수 증여자를 찾는 데도 도움이 되리라 생각했습니다. 그래서 자이언츠 구단측에서 이 행사와 연관해 병원을 방문하는 게 어떠냐고 의견을 물었을 때, 데이브는 흔쾌히 승낙했습니다.

데이브와 알렉스는 병원 앞 잔디밭에서 만났습니다. 알렉스는 씩씩해 보이는 6살짜리 소년으로 주위를 둘러싼 마이크와 카메라 세례에 조금도 주눅 들지 않았습니다. 소년은 데이브에게, 자기가 엄청난 자이언츠팀 팬이며 가장 좋아하는 선수는 윌 클락과 케빈 미첼이라고 말했습니다.

둘은 함께 공 주고받기도 하고 데이브가 가볍게 던져준 공을 알렉스가 플라스틱 배트로 날려보내기도 하며 놀았습니다. 어느 기자가 데이브에게 신앙에 관해 질문한 순간이 있었는데, 알렉스는 올려다보며 물었습니다.

"하나님을 많이 사랑하세요, 데이브 아저씨?"

"그렇단다, 알렉스야!"

"저도요!" 소년은 대답했습니다. "예수님이 참 좋아요!"

만남이 있은 후, 데이브는 알렉스에게 자이언츠팀 기념품을 몇 가지 보내 주었고 그 후에도 소년의 가족과 연락을 계속 취하려고 애썼습니다. 소년의 부모는 데이브 덕분에 아들에게 세인의 관심이 쏠린 것을 감사했습니다. 그러나 막 재기의 몸부림을 치던 지난 6월에 비하면 지금의 유명세는 정말 대단한 것이었습니다. 샌프란시스코의 모든 라디오와 TV 방송국이 이 이야기를 전했습니다. 경기가 다가오면서 알렉스를 돕자는 기부금은 한 투구에 1천 달러가 넘을 정도가 되었습니다. 뉴스란 뉴스는 모두 "데이브 드라베키와 꼬마 알렉스 블라호스"로 도배되었습니다.

데이브는 너무 흥분이 되어 경기 전날 잠을 설치면 어쩌나 하는 생각까지 했지만 곧 몽롱해지고 너무나 푹 잠이 들어버려서, 다음날 아침 야구장에 나가라고 재니스가 깨워야 할 정도였습니다. 떠나기 전에 가족들이 모두 모여 기도했습니다. 재니스와 데이브가 침대에 앉고, 티파니와 조나단이 그들 옆에 섰습니다. 가족은 함께 손을 잡고 아주 간절하게 기도 드렸습니다.

경기가 어떻게 될지 도저히 알 수 없었습니다. 팔 안에 근육이 모두 제대로 있었을 때조차도 데이브는 승리와 패배를 점칠 수 없었으니 말입니다. 그래서 그들은 경기장에서 무슨 일이 일어나든 간에 평화와 고요함을 달라고 기도드리며, 승리하게 해 달라는 기도는 드리지 않았습니다. 그랬던 적은 한 번도 없습니다. 이 경기가 하나님께 영광이 되기를, 그것

   데이브 드라베키

에 알맞은 마음가짐과 목표를 갖도록 기도 드렸습니다. 이 순간까지 데이브를 이끄신 하나님께 그들은 감사했습니다.

기도하면서 재니스는 울기 시작했습니다. 어머니의 그런 모습에 조나단은 좀 당황해하며 물었습니다. "엄마, 왜 그래요?"

재니스는 울음이 복받쳐 대답도 못할 정도였기 때문에 데이브가 대신 말했습니다. 슬퍼서 그러는 게 아니라고 말이죠. "아빠가 다시 던질 수 있게 돼서 기뻐서 우는 거란다!"

시합 전, 데이브는 로저 크레이그 감독에게 가서 2가지 부탁을 했습니다. 첫 번째는 포수로 테리 케네디를 선발해 달라는 것이었죠. 테리는 샌디에이고에서 한 팀이었고, 데이브의 메이저리그 경기에서도 포수를 했던 마음 맞는 동료였기에 감독도 동의했습니다. 두 번째는 솔직히 얼마나 던질 수 있을지는 모르지만 잘하건 못하건 간에 적어도 100개 정도는 던질 수 있게 해 달라는 부탁으로 백혈병 소년 알렉스 블라호스를 위한 부탁이었습니다.

로저는 웃음을 터뜨리며 허락하고, 끝까지 완투할 수 있기를 바란다고 덧붙였습니다. 감독은 데이브의 힘이 되는 한 던지게 할 작정이었지만 자이언츠팀으로서도 이건 꼭 이겨야만 하는 중요한 경기였습니다. 경기 시작 전에 선수 몇몇과 코치 한 명이 데이브의 라커룸으로 와서 함께 기도하자고 했

습니다. 기도 후에 그는 등번호 43번이 새겨진 자신의 자이
언츠 유니폼을 걸쳤습니다.

경기 15분전, 클럽하우스를 나와 복도를 걸어 내려와 경기
장으로 들어간 데이브는 순간 자신을 향한 엄청난 카메라 세
례를 한 몸에 받았습니다. 카메라가 철컥하며 돌아가고 윙윙
대는 것을 들으면서 그는 투구 코치를 돌아보며 물었습니다.

"이런 맙소사, 노먼! 이거 어떻게 된 거죠?"

데이브가 불펜에 올라가 워밍업을 시작하자 34,810명의 팬
들은 일어나 소리지르고 환호하며 뜨거운 박수로 그를 맞았습
니다. 그 환호가 너무나 놀라워서 데이브는 포수를 바라보며
심장 부근의 옷을 약간 들어 잡고 자기 맥박이 고동치고 있다
는 것을 보라는 듯이 위아래로 두드렸습니다. 테리 케네디는
환하게 웃으며 자기도 마찬가지라는 신호를 보내 왔습니다.

워밍업을 하며 데이브는 침착함을 되찾기 시작했습니다.
덕 아웃으로 돌아갈 준비가 되자 팬들은 다시금 일어나 열렬
히 환호하면서 "멋지게 한판 해요, 데이브!" "돌아와서 정말
기뻐요, 데이브!" 라고 외쳐 댔습니다.

몇 분 후, 경기가 시작되어 데이브가 마운드에 서자, 중앙
점수판에 "복귀를 환영합니다, 데이브!" 라는 커다란 글자가
빛났고 관중은 함성을 지르며 다시 일어나 발을 굴렀습니다.

   데이브 드라베키

데이브는 서서 공을 쥐고 만지작거리며 테리 케네디를 바라보았습니다. 관중의 환호에 보답하려 모자를 벗어 흔드는 동안 엄청난 감정이 그를 감싸기 시작했습니다. 열 달간의 투쟁과 불안했던 순간을 모두 넘어 이제 여기까지 온 것입니다. 주위의 환호하는 겹겹의 관중을 둘러보던 그때 심정을 "말로는 표현할 수 없는 감정이었죠. 심장이 터질 것 같았습니다!" 라고 회상했습니다.

그는 마운드에서 발을 떼고 몸을 추스르며 기도했습니다.
'자, 이제 주님께 감사할 시간입니다. 이 일을 다시 할 수 있는 특권을 주심을 감사합니다. 내 팔을 회복시키셔서 던질 수 있게 하심을 감사합니다. 무엇보다도, 내게 이루신 일로 인해 감사합니다. 날 구원해 주심을 감사 드립니다… 예수 그리스도의 사랑에 감사 드립니다.'
기도는 아주 짧았습니다. 그러고 나서 데이브는 발을 뒤로 뻗으며 공을 날렸습니다. 첫 투구부터 그는 확실했습니다. 투구 리듬과 균형도 완벽했습니다. 테리 케네디는 데이브의 마음을 읽고 있었습니다. 그는 마치 고향인 오하이오주 보드맨의 집 뒷마당에서 공놀이를 하는 것 같은 즐거움에 사로잡혔습니다. 테리 외엔 아무도 눈에 들어오지 않았습니다.
물론 이건 신시내티 레즈팀과의 경기입니다. 어떤 기자가

레즈팀의 감독인 피트 로즈에게 데이브의 투구로 경기가 어렵지 않겠느냐는 질문을 하자 그는 씹고 있던 해바라기씨를 툭 뱉으며 퉁명스럽게 말했습니다.

"아뇨, 재기했으니 뭐 잘된 일이라 생각합니다. 하지만 우리도 꼭 이겨야 되겠소!"

데이브는 첫 타자를 중앙으로 짧은 플라이를 치게 만들어 잡았습니다. 원 아웃입니다. 다시금 환호가 쏟아졌습니다. 두 번째 타자는 두 번째 공을 쳤지만 3루 땅볼로 나갔습니다. 다음 타자인 에릭 데이비스는 야구사의 가장 거친 타자 중의 하나였지만 역시 3루 땅볼로 아웃되고, 데이브는 덕 아웃으로 달렸습니다. 관중 전체가 일어서서 다시 환호했습니다.

7회까지 계속 이렇게 나갔습니다. 데이브가 레즈팀을 끝장내고 마운드에서 총총히 내려올 때마다 관중은 일어나 환호했습니다. 로저 크레이그 감독은 나중에 말하길 몇 십 년 간 경기장에서 뛰고 코치를 맡고 했었지만 한 경기에서 그렇게 엄청난 감동을 받은 적은 없었다고 했습니다. 스탠드에서 경기를 지켜보던 재니스는 2시간 내내 울었습니다.

그동안 겪은 안타까운 사건들과 1년이 넘도록 메이저리그

 데이브 드라베키

경기에서 투구하지 못한 사실에도 불구하고 데이브는 거의 완벽한 투구 조절력을 지니고 있었습니다. 타자에게 볼 셋까지 내주는 위험한 순간도 단 4번 뿐이었습니다. 타자 하나를 1루로 보내고 안타 하나만을 허용한 채 8회에 들어섰습니다. 그러는 동안 동료들도 잘 때려서 4대 0으로 앞섰습니다.

8회 째에 상대방 팀에서 1루타와 2루타를 치고 투아웃이 된 후 3점 홈런을 터뜨리는 바람에 갑자기 점수 차가 4대 3으로 좁혀졌기 때문에 팀의 그런 선전은 무척 필요한 것이었습니다. 너무나 급박하게 변한 상황, 구원투수가 워밍업을 하기도 전에 데이브는 스리아웃을 잡고 다시 기립박수를 받으며 덕 아웃으로 나왔습니다.

데이브는 더 이상 던질 기운이 없다는 것을 알고 있었습니다. 감독은 물론 8회 말에 데이브 대신 대타를 내세웠고, 9회에 레즈팀을 끝내버리기 위해 자이언츠팀의 구원투수인 스티브 베드로시안을 준비시켰습니다. 베드로시안이 마운드로 올라가 워밍업을 할 때 관중은 소리치기 시작했습니다. 데이브는 한참이 지나서야 관중이 누구를 부르고 있는 건지 알게 되었습니다. 정말 그칠 줄을 몰랐습니다.

테리 케네디가 멍멍한 소음 가운데서 그를 불렀습니다.

"자, 저기로 나가게. 오늘은 자네의 날이야. 인사해, 빨리!

가라고!"

데이브는 그렇게 했습니다. 덕 아웃에서 나와 경기장에 서서, 이젠 목청이 터져라 환호하고 있는 수많은 팬들을 올려다보았습니다. 그는 모자를 들어올렸습니다. 벌써 그날의 12번째 기립박수였습니다. 그가 덕 아웃으로 돌아간 후에도 팬들의 함성은 계속되었습니다. 몇 번이고 그를 보고 싶었던 것입니다.

다른 선수들이 손짓했습니다. "어서, 데이브, 다시 나가게나!" 그는 다시 나가서, 수만 명이 운집한 스탠드를 올려다보며 감사의 뜻으로 두 팔을 번쩍 들었습니다.

베드로시안이 총알 같은 강속구를 던졌습니다. 레즈팀은 스리아웃으로 무너졌습니다.

데이브는 타자의 헛스윙과 함께 마지막 공이 포수의 글러브에 닿기도 전에 뛰어나갔고, 테리 케네디가 그를 잡고 와락 끌어안았습니다. 경기장에 있던 모든 선수들이 뛰어와 번갈아 가며 데이브를 껴안고 축하했습니다. 팬들은 경기장이 떠나가라 환호했습니다. 그 함성은 경기장에 선수가 하나도 남지 않을 때까지 계속되었습니다.

재니스는 경기 마지막을 보지 못했습니다. 경기장 안전요원이 8회 말 데이브의 투구가 끝나는 대로 그녀를 경기장 밖

 데이브 드라베키

으로 데리고 나오기를 원했기 때문이죠. 그들은 재니스와 자녀들을 클럽하우스 쪽으로 안내했습니다. 불펜에 있던 선수들이 라커룸으로 이동할 때 쓰이는 통로에서 그녀는 기다렸습니다. 구원투수 두 명이 그녀를 알아보고 선수들에게 알리자 그들은 클럽하우스로 들어오라고 한결같이 말했습니다.

늘 야구와 함께 살아온 데이브였지만 정작 그의 아내는 남편의 라커룸에 들어와 본 적이 단 한 번도 없었습니다. 지금까지 입장이 허락된 여자들은 기자들뿐이었지요. 재니스는 당황했지만 사람들은 환호하며 데이브에게로 데려갔습니다.

재니스는 남편이 아직 유니폼을 입고 라커 앞에 서 있는 것을 보았고, 곧 팔을 뻗은 채 그에게 다가갔습니다.

"아, 데이브!" 그녀는 이 말밖에 하지 못했습니다. 데이브는 아내를 꼭 껴안고 방을 둘러보았습니다. 너무나 조용한 순간이었습니다. 다른 선수들은 자기 라커 앞에 조용히 서서 드라베키 부부를 바라보고 있었습니다. 이윽고 한 사람 한 사람 재니스에게로 다가와 그녀를 안아 주었습니다.

데이브는 팔을 얼음으로 감고 아내와 함께 경기 후, 인터뷰에 참석했습니다. 방송계, 스포츠계, 연예계 사람들이 모조리 몰려온 것 같았습니다. 로저 크레이그가 먼저 오늘 경기가 자신에게 얼마나 감동적이었는지를 돌아보고, 이 경기가 가지는 야구를 넘어선 중요한 의미를 말했습니다. 병고와 어려움에 처한 수많은 사람들에게 소망의 메시지를 보내게 된 것입니다.

로저 감독의 말이 끝나고 데이브가 마이크 앞으로 나가자 온 방안이 조용해졌습니다. 첫 번째 질문을 받자마자 그는 먼저 꼭 해야 할 말이 있다는 걸 깨달았습니다.

"마땅히 감사 드려야 할 분이 계셔서 말씀드리고자 합니다." 데이브는 증거 했습니다. "이렇게 다시 돌아와 경기할 수 있는 기회를 허락하신 예수 그리스도께 찬양과 영광을 돌리고 싶습니다!"

계속해서 그는 의사와 물리치료사들, 코치들에게 감사를 표했습니다. 그러나 자신의 복귀가 찬양 받으시기에 합당하신 하나님께서 베푸신 기적임을 모두가 알기를 원했습니다.

인터뷰는 오랜 시간 계속됐습니다. 앞으로의 활동과 관련된 질문들이 가장 많았습니다. 지금 기분은 어떻습니까? 나머지 시즌은 어떻게 하실 거죠? 데이브는 컨디션이 좋다며 가능한 한 계속 던지고 싶다고 말했습니다. 앞으로 펼쳐질 미래를 하루만에 단번에 붙잡은 것 같다는 얘기도 했습니다.

"오늘 일어난 일만으로도 더할 나위 없이 좋아요. 무슨 일이 생기든 금상첨화일 겁니다."

"부러졌어!"

결국은 모든 것이 정상으로 돌아온 것 같았습니다. 데이브가 과연 재기할 수 있을까 열 달 동안이나 걱정하고 또 궁금해 했으니까요. 8월 10일 목요일, 레즈팀을 상대로 한 경기에서 투구를 선보인 후, 모든 의심은 사라져 버렸습니다.

월요일에 자이언츠 팀은 원정 경기를 하러 떠났습니다. 화요일 아침 몬트리올에 도착한 후, 데이브와 팀 동료인 밥 네퍼는 호텔 근처의 한 책방을 둘러보고 있었습니다. 데이브는 정말 주위엔 감사할 것들뿐이라고 말을 꺼냈습니다.

"기적의 한가운데서 사는 게 얼마나 흥분되는 일인지 자넨 상상도 못 할 거야. 그동안 야구하면서 성취한 모든 것에 대한 감사를 예수님께 드릴 기회를 가졌다는 것, 그게 그 중에서도 최고라네!"

밥은 복귀를 허락하신 하나님께 감사한다는 건 멋진 일이라며 친구의 말에 공감했습니다.

"하지만 난 또 다른 기적도 보이네. 8년 전, 애머릴로에서 하나님께서 자네 삶에 시작하신 기적 말이야. 하나님께서 다시 던질 기회를 주신 건 정말 놀라워, 하지만 하나님과 영원히 함께 할 수 있는 기회를 주신 것에 비하면 그건 오히려 사소한 일일 수 있겠지!"

데이브는 친구 말이 옳다는 것을 깨달았습니다. 흥분과 도전을 동시에 주는 말이었습니다. 그는 우리를 향하신 하나님의 큰사랑의 계획을 남들도 알 수 있도록 도와야겠다는 것을 느꼈습니다. 하지만 어떻게 해야 할까요?

그날 밤, 2만 명의 관중이 경기장에 운집했습니다. 데이브가 마운드로 걸어나갈 때, 특별한 기립박수는 없었습니다. 그야말로 모든 게 정상으로 돌아온 것이죠. 3회까지 던지고 나서 그는 확신을 얻었습니다. 상대팀인 엑스포스팀 타자들에게 안타를 하나도 내주지 않고 있었습니다. 타자로서 나갈 때는 자신이 안타를 치기도 했습니다.

5회 들어 그는 약간 컨디션 조절을 힘들어하는 듯 보였지

 데이브 드라베키

만 로저 감독은 데이브가 그런 대로 순탄히 던지고 있는 듯
보였기 때문에 구원투수를 준비시킬 생각조차 하지 않고 있
었습니다. 5회가 끝나고 덕 아웃에서 데이브는 왼쪽 팔을 문
질렀습니다. 기분이 이상했습니다. 아픈 것 같지는 않고, 약
간 욱신거릴 뿐이었습니다. 자이언츠팀의 중견수인 브렛 버
틀러가 그 모습을 보고 물었습니다.

"괜찮아, 데이브?"

"그래, 괜찮아. 약간 뻣뻣해서 그래!"

몇 달 전에 머슐러 박사는 데이브에게, 팔에 조금이라도
통증이 느껴지면 당장 투구를 그만두라고, 그러지 않으면 뼈
가 부러질 수도 있다고 경고했었습니다. 그러나 그 이후로
데이브는 어떤 문제도 없이 공을 던져 왔습니다. 그 약한 욱
신거림이 경고라고는 생각조차 못할 일이었습니다.

자이언츠팀은 6회까지 잘 싸워서, 데이브는 6회 말에 3대
0으로 리드하는 가운데 마운드에 서 있었습니다. 이제 엑스
포스팀의 가장 잘 때리는 타자들이 줄줄이 나올 차례였습니
다. 그는 첫 타자에게 홈런을 허용함으로써 좋지 않은 출발
을 했습니다. 안드레스 갤러라가가 다음이었습니다. 그가 바
깥으로 빠지는 공을 노린다고 생각한 데이브는 안쪽으로 던
졌는데 그 공이 정확히 안타가 되어 갤러라가는 총총히 1루

로 나갔습니다.

　2루수인 로비 톰슨이 다가와서 괜찮으냐고 물었습니다. "아주 좋아!" 하고 데이브는 대답했습니다.

　재니스는 4,800km 떨어진 곳에서 라디오로 경기를 듣고 있었는데 갑자기 굉장히 신경이 날카로워졌습니다. 데이브가 갤러라가에게 안타를 허용한 순간 그녀는 중얼거리기 시작했습니다. "로저, 당장 그이를 데리고 나와요. 문제가 생기기 전에 얼른 끌어내라고요!" 하지만 전달되지 못하는 애원이었습니다. 데이브는 계속 공을 던졌습니다.

　그는 타자를 내보내 놓은 것이 전혀 기쁘지 않았습니다. 동점 만드는 타자로 유명한 팀 레인스가 다음 타석에 서기 때문이었습니다. 팀은 언제나 잘 치는 선수였습니다. 데이브는 반드시 그를 아웃 시켜야만 했습니다.

　공 던질 자세를 취하면서 데이브는 1루의 갤러라가를 바라보았습니다. 그러고는 오른쪽 다리를 들어올리는 동시에 왼손을 들어올려 뒤로 뺐습니다. 투수 석을 밀면서 타석을 향하여 데이브는 힘껏 던졌습니다. 순간 그의 귀에 "딱" 하는 요란한 소리가 들려왔습니다. 소리가 정말 커서 경기장 전체에 울리는 느낌이었습니다. 마치 누군가 굵은 나뭇가지를 부

　데이브 드라베키

러뜨린 것 같은 소리였습니다.

“마치 팔이 몸으로부터 부러져나가 포수에게로 날아가는 느낌이었습니다.”라고 데이브는 회상했습니다. “전 팔을 붙들고 끌어당기려고 애를 썼죠.” 자기 손을 떠난 공이 포수 머리위로 높게 날아가는 것도, 테리가 놀라서 공을 따라 몸을 던지는 모습도 그는 안중에 없었습니다. 갤러라가도 뇌리에서 사라졌습니다. 갤러라가는 머뭇거리면서 2루로 도루하고 있었지만 마치 죄라도 짓는 표정이었습니다.

부러진 팔을 붙들면서 데이브는 머리부터 곤두박질치며 마운드에 쓰러졌고, 끔찍한 고통의 비명을 질렀습니다. 내야 잔디에 털썩 쓰러져 얼마나 아팠던지 몸부림치며 완전히 한 바퀴를 돌았습니다. 한참을 그러다 등을 대고 누우며 그는 겨우 진정했습니다. 세상에 이런 고통은 처음 당해보는 것이었습니다.

데이브는 뒤틀며 신음하면서도 숨을 고르려 애쓰다 어느새 1루수인 윌 클락이 달려와 있는 것을 알게 되었습니다. “아, 윌! 죽을 것 같아!” 그는 소리쳤습니다. “부러졌어! 팔이 부러진 것 같다고!”

경기장의 모든 관중이 일시에 조용해졌습니다. 고통이 조금씩 잦아들면서 데이브는 그렇게 누운 채로 자신을 둘러싸고 내려다보는 얼굴들을 올려다보았습니다. 로저 감독이 무릎을 꿇고 그를 부드럽게 안았습니다.

데이브는 그 당시의 놀라웠던 상황을 회상합니다.

"이제 저의 복귀는 기정사실화 된 거고, 모든 것들이 정상으로 돌아왔다고 생각했었어요. 그런데 이런 일이! 저는 화가 나지는 않았습니다. 전혀요. 그냥 놀라울 뿐이었어요. 어쨌든 하나님께서 내 인생의 또 다른 한 장을 쓰고 계시구나 하는 확신만 가득할 뿐이었습니다. 뭔가 더욱 놀라운 것이 나타나고 있다는 생각이 들었습니다."

사람들이 들것을 가지고 오자 데이브는 이를 악물고, 걸어서 퇴장하고 싶다고 했지만 누군가 그에게 입 다물고 당장 누우라고 말했습니다. 그렇게 그는 관중석 밑의 통로를 지나 트레이닝 룸으로 옮겨졌습니다. 클럽하우스 안에서 동료들과 코치들이 지켜보는 가운데 의사 한 명이 데이브의 왼팔을 몸에 딱 붙여 고정시켜 싸맸습니다. 스포츠 선수들은 감정을 내보이는 데 그리 익숙하지 않습니다. 눈물이라든가 하는 부드러운 감정은 더욱 그렇죠. 그러나 그 날만은 클럽하우스 안에 감정이 물결쳤습니다.

경기 후, 로저 크레이그 감독은 기자들 앞에서 울음을 터뜨렸습니다. 기자들은 그가 진정하고 질문에 답할 수 있을 때까지 잠시 당혹스런 침묵 속에서 기다려야 했습니다. 경기는 재개되었는데, 데이브가 클럽하우스로 실려오자 마자 상대편 엑스포스팀의 포수인 마이크 피츠제럴드가 포수 장비를 벗지도 못한 채 트레이닝 룸으로 달려 들어왔습니다.

"마이크는 눈에 눈물이 맺힌 채로 저를 보면서 제 머리 뒤쪽을 들어 자기에게로 끌어당겼습니다." 라고 데이브는 회상합니다.

"그러고는 절 안고 입을 맞추며 '사랑하네, 형제여!' 라고 말하더군요. 그러고는 방을 나가 다시 경기장으로 돌아갔습니다. 그를 보면서 전 놀라워하며 생각했습니다. 야구사에 이런 일은 결단코 처음일 거야 라고요!"

구급차가 도착하고 의료봉사원들이 데이브를 데리고 가려는 순간, 친구인 밥 네퍼가 자기 머리를 데이브의 머리에 대며 기도하자고 제안했습니다. 데이브는 그 기도의 내용은 기억하지 못한다고 했습니다.

"무엇을 기도했느냐 보다는 어떻게 기도했느냐가 기억에 남아요. 그는 말조차 제대로 내뱉지 못했습니다. 목소리는 갈라졌고요. 저를 향한 사랑만이 그 기도에 가득 넘쳤습니다."

밥이 기도하는 동안, 6회를 끝낸 자이언츠팀 선수들이 데이브를 염려하며 클럽하우스로 몰려들어왔습니다. 트레이닝 룸으로 몰려들어온 그들은 밥이 기도를 끝낼 때까지 조용히 기다렸습니다. 방에는 25명이나 들어와 있었습니다. 데이브는 많은 동료들의 눈에 눈물이 맺힌 것을 보았습니다.

데이브는 밥의 기도로 인해 그때까지 느끼고 있던 남은 염려가 사라져 버렸다고 말합니다. 그는 자신이 하나님의 손안에 있다는 것을 알았습니다. 들것에 실려 방을 떠나면서 데이브는 동료들을 보며 말했습니다.

"이보게들, 꼭 할 말이 있네. '날 위해 꼭 이겨 줘.' 이것뿐이야! 지금까지 이기고 있었는데 역전패하고 싶진 않다고. 난 이번 시즌에는 아마 더 던지지 못하겠지만, 기록은 2 - 0으로 지키고 싶네. 패한 경기 없이 올해를 마치고 싶어!"

테리 케네디는 그가 정신이 나간 게 아닌가 하는 표정으로 내려다보았습니다. 곧 데이브는 다음과 같은 말로 구급차 운전사를 맞이했습니다.

"좀 힘든 날이었습니다. 안 아프게 좀 살살 데려다 주세요. 좀 과하게 흥분했나 봅니다!"

 데이브 드라베키

암과 싸우다

데이브는 언론의 관심이 8월 10일, 샌프란시스코에서 레즈팀과 싸워 승리한 복귀 경기 이후로 최고조에 다다랐다고 생각했지만 그게 전혀 아니라는 사실이 곧 드러났습니다. 8월 15일, 미국 내 모든 뉴스 프로그램이, 팔이 딱 부러지며 마운드에 쓰러지는 데이브의 모습이 담긴 오싹한 자료화면을 내보내기 시작했습니다. 다음날 아침엔 모든 언론사가 특집 인터뷰를 요청했습니다. 수십 개의 잡지와 신문사가 전화를 걸어 왔습니다. 할리우드는 영화 제작 얘기까지 들먹였습니다.

팔이 부러진 이 사건을 놓고 초점은 갑자기 변했습니다.

언론은 데이브의 재기를 "기적"이라고 불렀었지요. 그럼 이건 뭐라고 불러야 할까요? "반(反)기적?" 암을 이기고 재기한 것이 사람들의 영혼을 고양시켰다면, 이것은 그 소망을 짓밟는 것일까요? 데이브는 그렇게 생각하지 않았습니다.

"저는 인생을 하나님과 함께 하는 오랜 모험이라고 생각해왔습니다. 제 삶의 진짜 기적은 애머릴로에서 이미 시작되었고, 그것이 계속되고 있는 겁니다."

데이브는 기자들에게 다시 돌아와 투구할 수 있으면 좋겠다고 말했습니다. 암도 이기고 살아 돌아온 지금 팔 부러진 것쯤은 그리 큰 사고로 생각되지 않았습니다. 많은 사람들이 그런 사고에서 회복되었으니까요. 그러나 다시 던질 수 있을 것이라고 생각하는 그 느긋함은 자기의 낙관적인 심성 때문만은 아니라고 데이브는 말합니다. 바로 예수님으로 인한 확신이었습니다.

"할 수 있는 한 최선을 다 했는데 그 모든 게 다 무너져버리는 것 같다면, 하나님께서 함께 하고 계시는지 돌아보아야 합니다. 그분께 의지하면 이길 수 있어요!"

이전에 언론은 데이브의 육체적 회복에 관해 보도를 했었습니다. "이제 사람들은 저의 긍정적인 태도가 더 큰 기적인 양 놀라워합니다. 어떤 면에서는 그럴지도 모르지요!"

 데이브 드라베키

검사 결과는 좋은 것 같았습니다. 부러진 팔 상태는 그리 심각하지 않아 보였고, 의사 말로는 뼈가 아직 약한 데다 얼렸던 상태에서 회복되는 중이었기 때문에 일어난 사고라고 했습니다. 투구할 때의 압박 때문에 뼈에 아주 가는 금이 갔고 그것 때문에 욱신거림이 생겼습니다. 그 상태에서 데이브가 계속 공을 던지게 되자 금이 벌어져 결국 부러지고 만 것입니다. 내년 1990년 시즌 시작 전까지 충분히 시간을 두고 치료할 수 있을 것 같았습니다.

앞날에 대해 데이브는 낙관적이었지만 이후 몇 주 동안은 너무나 힘들고 어려운 시기를 보냈습니다. 부러진 팔 때문에 의사들이 누워서 자지 말라고 했기 때문에 그는 밤새도록 뒤척였고, 잠을 푹 잘 수 없으니 날이 갈수록 피곤은 쌓여 갔습니다. 모든 일을 오른손으로 하는 데 익숙해지기도 정말 힘들었습니다. 재니스는 그가 목욕하는 것까지 도와야 했습니다. 그는 의존적이고 무력해져가는 느낌이 정말 싫었습니다.

가장 지독했던 건 팀이 자기 없이 내셔널리그 챔피언십 시리즈를 치르는 것을 경기장 벤치에 앉아 지켜보아야 했던 일입니다. 2년 전만 해도 플레이오프에서 카디널즈팀을 상대로 가장 훌륭한 투구를 보여 주었던 자신이 이제는 시카고 컵스팀과 싸우는 동료들을 응원하는 게 고작이었습니다. 마치 투명인간이 된 것 같았다고 데이브는 고백합니다.

자이언츠팀이 3승 1패의 성적으로 시리즈 1위를 달리며 컵스팀과의 5번째 경기를 준비하고 있을 때, 데이브만 빼고 모든 이들이 즐거워했습니다. 그는 잠이 오질 않았습니다.

“고통스러웠어요. 팔 뿐만이 아니라, 그 결승전만 생각하면 온 몸이 쿡쿡 쑤실 정도로 원통했습니다!”

자이언츠팀이 8회 말에 1대 1 동점에서 3대 1로 점수 차를 벌리자 데이브는 클럽하우스로 돌아가 팔에 브레이스(버팀 부목)를 끼었습니다. 동료들과 함께 뛰어나가 팀을 축하해줄 생각이었지만 함께 엉켜 넘어지더라도 팔에 무리가 가지 않도록 준비한 것이죠.

자이언츠팀은 곧 월드 시리즈 행 티켓을 끊을 것처럼 보였지만, 경기가 아직 끝난 것은 아니었습니다. 컵스팀은 투아웃에 주자 2명으로 안타가 하나였고, 이제 컵스팀의 위대한 2루수인 라인 샌드버그가 타석에 섰습니다. 샌드버그는 가벼운 2루 땅볼을 쳐서 2루수 로비 톰슨에게 그대로 공을 안기고 말았습니다. 로비가 1루로 던진 공에 샌드버그 아웃! 자이언츠팀이 내셔널리그 챔피언이 되는 순간이었습니다.

모든 사람들이 덕 아웃에서 뛰쳐나와 마운드로 달려나가,

뛰어오르며 환호하고 이미 겹쳐 쓰러진 동료 선수들 위에 계속 덮치며 축하했습니다. 데이브도 팔을 조심하면서 동참했습니다. 그때 갑자기 누군가 (데이브는 그게 아직까지도 누군지 모릅니다) 뒤에서 그를 퍽 치는 바람에 데이브는 겹쳐 쓰러진 선수들의 위로 넘어졌습니다. 믿을 수 없으리만큼의 통증이 팔을 훑고 지나갔습니다. 몬트리올에서의 통증만큼이나 심했습니다.

데이브는 왼팔을 몸에 딱 붙이고, 기뻐하며 주위에 마구 달려드는 선수들의 몸으로부터 팔을 보호하려고 했습니다. 그럴 때, 자이언츠팀의 타격 코치인 더스티 베이커와 팀 트레이너인 마트 르텐더가 그를 보았습니다. 그들이 데이브를 끌어내어 데리고 들어가는 동안에도 축하는 계속되었습니다.

팔이 다시 부러진 것입니다. 더구나 첫 번째보다 더욱 상태가 심했습니다. 데이브는 자거나 목욕하는 것뿐만 아니라 먹을 고기를 자르거나 코트를 입는 일조차 스스로 할 수가 없게 되었습니다. 그런 일 때문에 도움을 청해야 하다니, 그는 절망스러웠습니다.

닷새 후 월드 시리즈가 시작되었고, 샌프란시스코는 오클랜드에게 첫 두 경기를 내주었습니다. 점수차도 너무 컸기 때문에 자이언츠팀 선수들은 올라야 할 산이 높다는 것을 느

끼며 캔들스틱 파크의 숙소로 돌아왔습니다.

경기 시작 전 몇 분 동안, 데이브는 라커 앞에 앉아서 밥 네퍼와 얘기를 나누고 있었는데, 마루가 낮게 진동하는 것을 느꼈습니다. "지진 같지 않았어?" 밥이 말했습니다.

"진짜 지진이야!" 데이브도 말했습니다.

경기장이 흔들리기 시작하자 선수들은 클럽하우스 문을 박차고 나와 주차장으로 내달렸습니다. 경기장 밖의 공터에 도착할 때쯤 진동은 멈추었습니다. 피해는 그리 큰 것 같지 않았는데 곧 TV에서 베이 브릿지의 한 쪽이 붕괴됐으며 샌프란시스코의 여러 건물들이 무너졌다고 피해 상황이 보도되기 시작했습니다.

경기는 연기되었습니다. 가까운 호텔에 묵고 있는 친구들과 친척들에게 전기 공급이 되지 않았기 때문에 재니스와 데이브는 몇몇 사람들을 콘도로 초청하여 함께 밤을 보냈습니다. 베이 지역의 피해 이웃들에 관한 소식과 희생된 사람들의 애기를 들으면서 드라베키 가족은 살아있음에 감사 드렸습니다. 앞으로 또 무슨 일이 일어날지 부부는 궁금해하며

 데이브 드라베키

잠자리에 들었습니다.

그 궁금증은 머지않아 풀렸습니다.

1주일 후, 드라베키 가족은 고향인 오하이오주를 향해 떠났습니다. 데이브는 팔 때문에 여전히 죽을 것만 같았습니다. 좌절이 너무나 심해서 그는 지진으로 연기되었던 월드 시리즈 결승전마저도 신경이 쓰이지 않았습니다.

고향에 도착한 후 이틀 뒤, 데이브는 팔의 정기 검진을 받으려고 클리블랜드로 갔습니다. 버그필드 박사는 부부를 만나 MRI의 결과에 대해 얘기를 나눴습니다. 박사는 매우 엄숙하고 천천히 말했으며, 가끔씩 고개를 숙여 눈길을 피하기도 했습니다. 두 번 부러진 상처가 회복중이라고 말하는 듯 하더니 박사는 곧 말을 멈추고 고개를 숙였습니다.

"하지만 지금은 그것에 신경 쓰고 싶지 않아요. MRI 결과에 관해 꼭 얘기해야 할 것이 있습니다!"

아직 확실한 것은 아니라고 박사가 말해 주긴 했지만 그 태도로 봐서 드라베키 부부는 분명 뭔가 잘못되었다는 것을 알게 되었습니다. 유건종과 꼭 같아 보이는 새로운 혹이 팔에 자라나고 있다는 것입니다. 아무래도 종양이 다시 생긴 것 같았습니다.

"박사님 하신 말 이해하겠어요?" 면담 후 집으로 돌아오면서 재니스가 물었습니다.

"데이브, 박사님이 야구에 대해 단 한 마디도 하지 않은 거 눈치 챘어요?"

데이브는 그 말에 담긴 뜻을 생각하고 싶지 않았기 때문에 즉시 대답하지 않았습니다. 그는 어떤 어려움이 있더라도 평생 야구를 하겠다고 결심했었습니다. 그것은 이제 본능이었습니다. 라커에 늘 붙여놓았기 때문에 매일 보며 곱씹었던 그의 좌우명은 바로 "절대 포기하지 마라!"였으니까요.

"어떻게 할 거예요, 데이브?" 재니스는 알고 싶어했습니다.

그는 농담을 해 보려고 했습니다.

"또 날 팀에서 제명하려고 하는 거야?"

"당신이 내 입장이라면 어떻게 하겠어요?" 그녀는 요구했습니다. "내가 암에 걸렸는데 앞으로 아무리 위험한 일이 있어도 계속 하고 싶은 일을 하겠다고 우긴다면 당신은 어쩌겠냐고요!"

데이브는 쉽게 생각했습니다.

"즉시 그만두라고 하겠지. 하지만 재니스, 당신이 내게 이래라저래라 할 순 없어. 내 일은 내가 결정할 거라고!"

이 말에 재니스는 화가 폭발하고 말았습니다.

"이젠 진절머리가 나요!" 그녀는 소리쳤습니다.

"그까짓 공 때문에 다시 팔을 망가뜨리겠다는 거예요? 야구가 그렇게나 중요하냐고요!"

데이브는 대답하지 않았습니다. 야구를 그만두다니, 상상이 되지 않았습니다.

날이 갈수록 그는 은퇴를 생각해 보기 시작했습니다. 그 생각을 하니 일종의 평화가 몰려오기 시작하는 것을 느끼며 그는 놀랐습니다. '야구를 해 오면서 아직까지 얻지 못한 것이 또 뭐가 있을까? 그래, 경기가 그리워지겠지. 친구들도 보고 싶을 거고. 하지만 그만둔다고 안 될 건 또 뭔가?'

다음 주에 드라베키 가족은 일정이 잡혀 있던 몇 가지 강연 일로 해서 캘리포니아로 돌아갔습니다. 햄메이커스에서 친구들을 만났을 때, 데이브는 애틀리에게 은퇴 결심을 털어 놓았습니다.

"그거 흥미로운걸!" 애틀리가 말했습니다.

"밥 네퍼가 어제 내게 전화해서 자네에 관한 얘기를 했어. 밥은 자네가 평화로운 심정으로 프로 야구계에서 은퇴하게 되기를 기도하고 있다고 했네. 난 그런 기도는 못하겠더군. 자네가 걸어야 할 길을 난 모르니까 말일세. 난 그저, 하나 님께서 보여 주실 길이 무엇이든 간에 자네 마음이 평안하기 만을 기도했다네!"

"정말 그랬어, 애틀리!" 데이브는 친구를 안심시켰습니다.

"무섭도록 큰짐에서 놓여난 느낌이야!"

의사들은 유건종은 제거가 어려우며 세포가 단 하나라도 남아 있으면 종양이 다시 자란다는 것을 미리 얘기해 두었습 니다. 안타깝게도 바로 그 일이 실제로 일어나 버렸습니다.

1990년 1월 4일, 데이브는 두 번째 수술을 위해 뉴욕시의 슬로안 – 케터링병원으로 갔습니다. 의사는 암세포를 잘라내 고 팔 안에 가는 플라스틱 튜브를 연결한 뒤 꿰매었습니다. 그렇게 해서 나중에 혹시나 남아있던 암세포가 발견된다면 즉각 방사성 이리듐 정제를 팔로 내려보내 세포를 죽일 수 있게 하려는 것이었습니다. 의사들은 낙관적이었습니다. 그러나 데이브는 최선의 결과를 소망하면서도 최악도 준비하려고 애썼습니다.

곧 밝혀진 일이지만, 그 수술은 데이브에게 있어 길고도 어두웠던 18개월의 시작이었습니다. 무엇보다도 팔이 회복되질 않았습니다. 상처는 도무지 아물지 않았고 상처 속에 작은 구멍이 생겼습니다. 구멍은 점점 커져서 손가락을 집어넣어 뼈를 두드릴 수 있을 정도였습니다. 아들 조나단은 그걸 보며 굉장하다고 신기해했지만 의사들로선 걱정이 태산이었지요.

그 구멍 때문에 데이브는 5월에 또 다른 수술을 받으러 갔습니다. 의사는 그의 등 부위에서 근육을 떼어내어 뼈 주위를 둘러 감쌌습니다. 수술 와중에 의사는 괴로운 사실을 발견하고 말았습니다. 종양이 다시 발발하여 손을 움직이는 데 필수적인 경맥 신경 가까이까지 퍼진 것입니다. 의사들은 다른 방사선 치료법을 시도해 보았지만 그 치료를 다 끝낸 즈음에는 그만 상처가 포도상구균에 심하게 감염되고 말았습니다.

"전 병들어 지내는 것에 지쳤어요!" 데이브는 말합니다. "그건 마치, 링 위에서 라이트급 선수에게 펀치를 한 방 맞은 후 기진맥진해 있을 때, 헤비급 선수가 싸우러 올라온 거나 마찬가지였지요. 고개를 돌릴 때마다 뭔가 새로운 것이 얼굴을 후려치곤 했어요!"

감염을 막기 위해 투여한 항생제 때문에 데이브는 위까지 아팠습니다. 조금 좋아지는 시기도 있었지만 금방 고열이 엄습하곤 했습니다. 그 중에서도 가장 지독했던 건 팔이 치유되지 않는다는 사실이었습니다. 손가락이 마비되었습니다. 데이브는 팔이 회복될 가망이 없다는 것을 인지하기 시작했습니다.

1991년 5월, 데이브는 3개월 정기 검진을 받으러 뉴욕으로 갔습니다. 그를 진찰한 후, 의사는 말했습니다.

"이제 시간이 된 것 같습니다!"

"그 다음 무슨 말이 나올지 즉각 알겠더군요!" 데이브는 말합니다. "팔을 잘라낼 때가 되었다는 거죠!"

 데이브 드라베키

12

외팔이 사나이

데이브는 의사의 말에 별로 놀라거나 충격 받지 않았습니다. 그동안 병원을 드나들며 몇 차례의 수술을 받았지만 팔은 회복되지 않았고, 근래 몇 개월 간 점점 더 귀찮은 존재가 되어가고 있었습니다. 그래서 의사가 절단 이야기를 꺼내자 데이브는 덤덤히 그를 바라보면서 대답했습니다.

"알겠습니다. 언제쯤 하게 되나요?"

1991년 6월 17일 뉴욕의 슬로안 – 케터링병원에 검진 받으러 갈 때는 재니스와 몇몇 친척들, 친구들이 동행했습니다. 모두 방에 앉은 후, 아버지가 눈물을 흘리며 마음속에 담아두었던 말을 꺼내놓기 시작했습니다. "애야, 그 죽어버린 팔을 몸에 달고 그렇게 고통받는 네 모습을 보는 것도 이제 지쳤다. 제발 떼어버리고 끝내려무나!"

다음날 정오, 재니스와 부모님은 수술하러 들어가는 그를 포옹하고 키스해 주었습니다. 그리고는 기다렸습니다. 의사의 진단대로, 암은 세 번째로 재발해 있었습니다. 종양을 완전히 제거해 버리기 위해서는 어깨 부위까지 잘라낼 필요가 있다고 의사는 판단했습니다. 수술을 마치고 그날 밤, 데이브가 깨어났을 때는 아내와 어머니가 침대 발치에서 사랑과 염려가 가득한 눈으로 자신을 바라보고 있었습니다.

데이브는 다음 날이 되어서야 가족 눈에 비친 자기 모습을 확인할 수 있었습니다. 그는 침대에서 일어나겠다고 고집해 욕실로 걸어갔습니다. 거기서 작은 욕실 거울을 통해 수술 후의 자신의 모습을 처음으로 대면했습니다. 병원 가운을 입은 창백한 외팔의 사나이가 보였습니다. 데이브는 멍하니 바라보았습니다.

그는 의사들이 얼마나 철저히 잘라내 버렸는지 확인하며 충격을 받았습니다. 목에서 시작해서 겨드랑이 부위까지 대각선으로 베어낸 것입니다. 팔은 사라져 버렸습니다. 어깨도 없어졌습니다. 견갑골(어깨뼈)도 완전히 사라졌습니다. 쇄골조차 왼쪽 부위가 잘려나갔습니다.

 데이브 드라베키

"좋습니다, 하나님!" 데이브는 기도 드렸습니다.

"이제 이렇게 살아야 하는 거군요. 이제 과거로 묻어 주십시오. 그리고 앞으로 나아가게 도와주십시오!"

그는 자신을 바라보고 있던 거울 속의 외팔이 남자를 회상합니다. "그 남자 눈 속에는 평화가 있더군요!"

수많은 사람들이 화환과 캔디를 보내와서 데이브의 방에는 더 이상 들여놓을 곳이 없었습니다. 그는 병동의 같은 층을 돌면서 그곳 환자들에게 받은 선물을 나누어주었습니다. 그 환자들 대부분은 데이브보다 훨씬 중한 병을 앓고 있었기 때문에 그는 믿음으로 그들을 격려하려고 애썼습니다. 데이브는 절단 수술 후에 얼마나 회복이 빨랐던지 그를 아는 사람들은 하나같이 놀랐습니다. 의사들은 그가 쇼크 상태에 빠질까봐 걱정했었지만 놀랍게도 그는 수술 전보다 실제로 훨씬 기분이 좋아졌습니다. 엿새 동안 병원에 머물며 그는 하루에 적어도 2km 정도 걷기 운동을 했습니다. 퇴원 후에도 얼마 안가 인터뷰에 응하고 편지에 답장을 하고 공식 석상에 모습을 드러내고 강연을 하기까지 했습니다.

1991년 10월 5일, 자이언츠구단은 드라베키 가족을 샌프란시스코로 초청해 특별한 축하 자리를 마련했습니다. "데이브 드라베키의 날Dave Dravecky's Day"이었습니다. 그는 이제

예전 만한 관심의 대상이 되지는 못했으나 자이언츠구단이 마련한 이 행사에 깊이 감동 받았습니다. 게다가 옛날 친구들을 만나고, 캔들스틱 파크를 한 번 더 방문하게 된 것도 매우 기뻐했습니다.

친척들, 친형제들과 그 가족 등 모든 드라베키 집안이 그 행사를 위해 캘리포니아로 모였고, 친구들도 대거 참석했습니다. 경기장은 라이벌인 LA 다저스팀과 샌프란시스코 자이언츠팀의 그 시즌 마지막 토요일 오후, 결승전을 보러 온 사람들로 꽉 찼습니다. 다저스팀도 이 경기를 이겨야 플레이오프로 가므로 각오가 대단했습니다. 그래서 그 곳은 경기 시작 전의 흥분으로 가득했습니다. 거대한 스피커에서는 올림

 데이브 드라베키

픽 주제가 음악이 크게 울려나오고 가족 단위의 인파가 중앙 문을 통해 쏟아져 들어와 경기장 잔디밭에 쫙 흩어졌습니다. 사람들은 머리 위로 데이브를 환영하는 배너와 플랫카드를 높이 치켜들고 있었습니다. 거기에는 이런 말들이 쓰여 있었습니다.

- 데이브, 영원한 자이언트('거인' 이란 뜻이자 팀의 이름)
- 등 번호 43번 드라베키
- 당신은 자이언츠의 영웅입니다
- 당신이 보여준 소망에 감사하며
- 행운을 빌어요, 데이브
- 하나님의 축복이 함께 하시길
- 그동안의 추억들에 감사하며

아나운서의 목소리가 장내에 울렸습니다.

"장애에 맞선 신념과 불굴의 정신, 두려움 없는 결단의 모범. 용기의 화신 데이브 드라베키입니다!"

이 소리가 스탠드 사이로 울려 퍼지자 팬들은 벌떡 일어나 등 번호 43번 자이언츠 유니폼을 입은 데이브가 마운드 위에 세운 단상으로 걸어 나오는 것을 보며 환호했습니다. 자이언츠팀 선수들은 덕 아웃에서부터 그를 따라 경기장으로 나갔습니다. 그리고 행사를 진행하는 동안 다저스팀 선수들과 섞여서 내야 잔디에 편하게 앉았습니다. 이 행사에서 자이언츠 구단은 데이브를 축하하는 일 외에도 비범한 용기로 암을 이겨낸 5명의 아이들에게 "용감한 어린이상"을 수여하기로 되어 있었습니다.

이윽고 데이브는 마이크 앞으로 다가서서 관중에게 말을 시작했습니다.

"하나님께서는 이런 어려운 어린이들을 돕는 도구로 저를 써 주셨습니다. 제 뒤에 있는 다섯 아이들, 이들이 진짜 영웅입니다."

관중의 박수가 진정되자 데이브는 계속했습니다.

"오늘 이 자리에 투수로서 설 수 있으면 얼마나 좋을까요, 하지만 그러지 못하죠. 이것만은 알아주십시오. 이 자이언츠 유니폼을 입는다는 건 저의 야구 인생에서 무엇과도 바꿀 수 없는 소중함이었습니다!"

내야의 거대한 스크린에 "당신을 사랑합니다, 데이브!"라는 글자가 새겨졌고 관중들은 다시금 일어나 환호했습니다.

"그것을 보는 순간 갑자기 수많은 추억들이 밀려들기 시작

 데이브 드라베키

했어요. 복귀 경기를 할 당시 같은 스크린에 보여졌던 '복귀를 환영합니다, 데이브!'란 메시지가 떠올랐죠!"

이제 야구로 재기할 수는 없게 되었지만, 저 메시지는 팬들의 사랑을 영원히 간직하는 또 다른 소중한 순간이었습니다.

후에 데이브는 이렇게 썼습니다. "비극은 우리를 한 쪽으로만 뚫린 문으로 밀어붙입니다. 일단 문을 통과하고 나면 그 비극 이전의 삶으로는 돌아갈 수 없게 되지요. 아무리 힘들여 노력해도 되돌아갈 수가 없습니다. 그러므로 우리는 그동안 누릴 수 있었던 행복한 시절, 함께 나누었던 웃음과 사랑과 추억들에 감사를 드리면 됩니다. 그런 다음 그 시절과 그 사랑하는 사람들과 작별하고, 태양과 달과 별의 궤도를 만드신 분의 손을 잡고 그분이 우리 삶에도 또한 그런 나아갈 길을 만들고 계시다는 믿음을 갖는 것입니다."

데이브 드라베키는 진실로 그것을 믿었습니다. 그렇게 했기 때문에, 그 믿음을 남들과 나누었기 때문에 그의 믿음은 전국의 많은 이들에게 감동을 주었습니다. 본보기가 된 그의 생애와 말들은 암과 또 다른 문제들로 고통 당하는 많은 이들에게 격려가 되었습니다.

그 믿음과 하나님께서 주신 결단력 덕분에 데이브는 왼쪽 팔을 잃고도 두드러진 적응력을 보였습니다. 오른손으로 글

씨 쓰는 법을 배웠고, 릴을 감을 때 낚싯대를 고정시켜 주는 특수장비를 가지고 낚시를 하기도 했습니다. 건강을 유지하기 위해 수영과 역도도 했습니다. 게다가 그는 최고가 되어야 한다는 압박을 전혀 느끼지 않은 채 한 손으로 골프를 칠 때 가장 즐겁게 경기를 할 수 있다는 것을 알게 되었습니다.

"예전에 했던 운동 대부분을 즐길 수 있었어요. 시간을 들여 노력만 하면 안 되는 게 없었지요!"

그러나 데이브는 계획하고 있는 일에 긍정적인 태도를 가지려 너무나 신경을 쓰고, 수많은 사람들이 자신을 보며 용기를 얻고 있다는 사실을 생각하며 실수하지 않으려 애쓰고, 절단 수술 이후 몸이 그 상황에 빨리 적응할 수 있도록 너무 몰두한 나머지 아주 중요한 한 가지 일을 소홀히 했습니다. 외적인 일을 잠시 멈추고 자기 자신의 상실과 슬픔의 감정을 마주해 보려는 노력을 하지 않은 것입니다. 그는 절단 수술로 인해 상처받은 자기 마음을 돌아보려고 하지 않았습니다. 부정적인 느낌이 마구 들어도 다른 이들에게 터놓고 얘기하기 싫어서, 사실 어떻게 해소해야 할지 몰라서 그냥 무시해 버렸습니다.

사실 데이브는 감정을 정리해야 할 필요가 있었습니다. 아

버지와 뒷마당에서 처음 공 주고받기 놀이를 할 때부터 야구
는 그의 인생이었습니다.

"집 안에 있을 땐 늘 TV로 야구 중계만 봤습니다. 집 밖에
서 하는 놀이도 늘 야구였습니다. 거실에 대자로 드러누워
신문을 펼치고 늘 읽던 것도 야구 관련 기사였지요!"

"야구는 제 삶의 전부였고, 야구 선수로서의 삶은 이 팔에
달려 있었습니다. 이 팔은 금방 이웃 아이들의 관심거리가
됐어요. 빈터에서 야구하러 모여 편을 가를 때면 저는 모든
아이들이 자기 팀에 끌어가려고 애쓰는 선수였죠. 오직 이
팔 때문이었죠!"

"곧 이 팔에 대한 관심은 학교 전체로 퍼졌습니다. 이름이
스포츠란에 오르내리기 시작했고 얼마 안가 제 활약이 첫 페
이지를 장식했어요. 모든 게 이 팔 덕분이었죠!"

"이 팔이 메이저리그 스카우터들의 주목 대상이 되었고,
소년 시절의 열렬한 취미가 이제는 인생의 목적이 된 겁니
다. 가족들을 부양하는 능력은 저의 사람 됨됨이나 영리함,
얼마나 열심히 일하는가에 달려 있지 않았어요. 오직 경기장
에서 이 팔이 무엇을 성취하느냐에 따라 제 능력도 결정되었
으니까요. 이 팔이 스트라이크를 많이 던질수록 저의 가치는
상승했습니다. 이 팔이 경기를 승리로 이끌 때마다 사람들은

더욱 저를 팀으로 끌어가기 원했지요!"

"얘기를 할 때조차 대화의 중심은 팔에 관한 것이었습니다. '오늘 팔 상태는 어때, 데이브?' '오늘 밤 경기 대비해서 팔 충분히 풀어 뒀나?' '부어오르지 않게 팔에 얼음찜질을 좀 하는 게 좋겠어!'"

"이 팔은 사람들이 제게 환호를 보내는 이유였고, 힘들여 번 돈을 지불하고 보러 오는 대상이기도 했습니다. 이 팔이 절 귀중하게 만들었고, 절 가치 있는 사람으로 만들었어요. 적어도 세상 사람들의 눈으로 보면 말입니다."

갑자기 그 팔이 사라진 것입니다. 팔이 없는 데이브 드라베키는 얼마만큼의 가치가 있을까요? 사람들의 생각은 과연 어떻게 변할까요? 팔이 없어진 그는 과연 누구이며, 무엇을 하며 살 수 있는 걸까요?

13

그것은 야구가 이룩할 수 있는 것보다
더욱더 위대한 꿈입니다.
바로 하나님께서 모든 사람에게 주시는
말씀에 기초한 귀중한 비전인 것입니다.

소망의 팔을 뻗으며

하나님을 신뢰할수록 데이브 드라베키는 답을 얻어야 할 질문들이, 헤쳐나가야 할 문제들이 너무나 많았습니다. 왜냐하면 육체적인 조화, 성취, 통제력 등에서 항상 축복받아온 자존심 강한 운동 선수였던 그가 셔츠 자락을 바지춤에 집어넣거나 치약을 짜는 등의 간단한 잡일을 하는 것조차 애를 써야 한다는 건 특히 절망스러웠기 때문입니다.

데이브는 식사 때, 고기를 잘라달라는 것부터 테니스 운동화 끈을 매달라고 부탁하는 것까지, 도움을 청하는 일을 정말로 싫어했습니다.

처음 은퇴할 때만 해도 그는 사실 야구가 별로 그립지 않

있습니다. 그러나 막상 팔을 절단하고 나자 야구에 관한 모든 게 그리워졌습니다. 손안에서 느껴지는 새 공의 오톨도톨한 실의 감촉, 제대로 잘 마른 글러브 가죽 냄새, 배트의 딱 하는 소리, 포물선을 그리며 날아가는 공 - 모든 게 그리웠습니다.

"아마 가성 통증(절단된 사지 신경의 이상 신호로 생기는 후유증. 사지가 없으면서도 감각을 느낌 - 역자)같은 것이었겠죠. 하지만 한때 야구할 때의 느낌이 끊임없이 몰려오기 시작했습니다. 경기와 동료 선수들이 너무 그리웠어요. 그 열기가 가끔씩 손가락 끝까지, 몸 전체에 퍼졌어요!"

그런 느낌을 자주 갖게 되자 점점 다른 많은 것들이 떠올랐습니다. 한계를 지닌 인간이 되었다는 좌절감, 암이 재발할지도 모른다는 두려움, 장애인 남편과 아빠를 둔 것을 재니스와 아이들이 어떻게 받아들이고 있을까 하는 걱정, 앞으로의 일과 무엇으로 살아가야 할 지에 관한 불안이 데이브를 괴롭혔습니다.

이런 모든 감정적인 부담은 속에서 점점 쌓여, 육체적으로 병이 나고 정신적으로도 심한 우울증세를 보일 때까지 그를 짓눌렀습니다. 그는 결국 의사를 찾아갔습니다. 의사는 데이브에게 정직하게 그 느낌을 마주하고 마음을 열어 다른 이들

　데이브 드라베키

과 느낌을 나누라고 충고했습니다.

어느 날 아침, 그때까지도 데이브는 어떻게 해야 할지 모르고 있었습니다. 거울에 비친 불쌍해 보이는 남자를 바라보며 한층 좌절하고 메스꺼워 하고 있던 그는 아내를 돌아보며 물었습니다.

"어떻게 이런 몰골의 나를 사랑할 수 있소?"

"당신이 아예 팔이 하나도 없었더라도 사랑했을 거예요!" 재니스는 그를 확신시켰습니다.

그 후, 얼마 지나지 않아 데이브는 결국 재니스에게 마음을 열고 속느낌을 털어놓았습니다. 암 재발의 두려움, 죽을지도 모른다는 생각, 그녀가 자기를 떠나 재혼하면 어쩌나

하는 걱정 같은 것들을 말입니다. 남에게 의지함으로써 오는 좌절감, 도움을 청해야 한다는 고통, 야구에 대한 그리움, 때때로 무섭게 엄습하는 좌절감 등을 전부 쏟아 놓았습니다.

"저로선 참 힘든 고백이었습니다. 하지만 막상 털어놓고 나니 어깨에서 엄청난 무게의 짐이 들어올려지는 느낌이 들었어요!"

다음 강연 자리에서 데이브는 암에서 회복되어 다시 공을 던질 수 있게 해 주신 하나님의 기적에 대한 감동적인 간증 외에, 그 후 계속되고 있는 싸움에 대해서도 솔직하게 터놓고 청중과 함께 나누었습니다. 그리고 이 싸움을 마주할 수 있도록 늘 도우시는 하나님을 신뢰하고 있음도 빼놓지 않았습니다. 자기 안의 가장 진솔한 느낌과 필요를 재니스, 그리고 가장 가까운 크리스천 친구들과 나누고, 남에게 자기 약점을 인정하게 됨에 따라 데이브는 짐이 훨씬 가벼워지는 것을 느끼게 되었습니다. 사람들은 그를 따돌리거나 실망을 주지 않았습니다. 도리어 더욱 자유롭게 마음의 문을 열어 주었습니다. 이렇게 관계는 더욱 돈독해지고 깊어져서 데이브

 데이브 드라베키

는 남을 격려하는 동시에 위로를 받을 수 있었습니다.

암과의 싸움을 시작할 때부터 데이브는 하나님께서 이 경험을 이웃에게 소망을 심어주는 쪽으로 놀랍게 사용하고 계심을 깨달았습니다. 또 일련의 선교 목적을 위해서 그를 부르시고 준비시키셨다는 것도 확신할 수 있었습니다. 그래서 데이브와 재니스는 그동안 받은 수십만 통이 넘는 카드와 편지들에 답장할 겸, 그리고 격려와 도움이 필요해서 편지를 쓰고 전화를 하고 그들을 찾았던 절망에 빠진 상처 입은 모든 사람들에게 도움의 손을 뻗고자 데이브 드라베키재단Dave Dravecky Foundation을 설립했습니다.

데이브는 무수히 밀려드는 초청장들 가운데 몇몇 곳을 뽑아 기쁜 마음으로 참석해서 자기 믿음을 증거하고 놀라운 재기의 이야기를 나누었습니다. 그리고 믿음과 소망을 간절히 필요로 하고 있는 암환자들과 그 가족들에게 전화를 하고 병원을 방문하는 것도 마다하지 않았습니다. 데이브는 또한 암과 개인적인 싸움을 벌이는 동안 자신에게 쏟아졌던 유명세와 관심이 잦아드는 날이 오기를 고대하고 있었습니다. 그래서 하나님께서 미래를 위해 준비해 두신 사업이 무엇이든, 인생의 다음 단계에서 그것을 위해 살고 싶었습니다.

데이브는 하나님께서 다른 프로야구 선수들에게 복음을 전

할 도구로 자신을 쓰실 것이라 생각했습니다. 그게 당연한 순서처럼 보였기 때문이죠. 자신이 선수였으므로 다른 선수들의 필요를 아는 건 당연하지 않겠습니까? 그렇게 되면 정말 사랑하는 야구와 계속 관계하며 살 수 있을 것이기에 더욱 좋았습니다. 그래서 괴로웠던 시간들과 추억을 잊고 새로 시작하기 위해 드라베키 가족은 오하이오주를 떠나 콜로라도 스프링스시로 갔습니다. 거기서 야구와 관련된 선교를 시작할 생각이었습니다. 그러나 안타깝게도, 아무런 일도 일어나지 않았습니다. 계획은 세웠지만 하나도 제대로 추진되지 않았습니다. 기도도 응답해 주시지 않는 것 같았습니다.

 데이브 드라베키

데이브는 다시금 좌절했습니다.

어느 날, 재니스가 이런 말을 했습니다. "우린 지금까지 하나님의 계획을 보여 달라고 열심히 뜻을 찾고 기도 드렸어요. 응답이 바로 코앞에 와 있었는데 아무래도 인정하고 싶지 않았었던 것 같아요!"

"그게 뭔데?"

"전국의 암환자들과 사지절단 장애인들을 격려하는 일을 시작하면 어떨까 생각해요!"

데이브는 펄쩍 뛰었습니다. "미친 짓이야. 그러기는 싫소. 그건 매일 내 고통과 아픔을 생각나게 할 뿐이라고!"

처음에 재니스는 아무 말도 하지 않았습니다. 그러다 남편을 바라보며 다시 입을 열었습니다.

"데이브, 성경 어디에 '혼자 편안하게 살아라' 하는 말씀이 있나요? 아마 하나님께서는 우릴 이 안락한 삶에서 끄집어내셔서, 정말 당신의 계획을 믿고 따르는지 알아보고 싶으신 것 같아요. 그러니 그분을 믿고 따라가요!"

생각할수록 애기를 나눌수록, 데이브는 아내가 옳다는 것을 깨닫기 시작했습니다. 그는 하나님께서 자신의 경험을 선교 활동에 쓰실 것임을 항상 믿어왔지만, 그 경험이란 야구와 관련된 것이리라 생각하고 막연히 추측만 해왔던 것입니다. 그가 나눠야 하는 더욱 귀중한 경험은 고통과 아픔을 통해 배운 것들인지도 모릅니다. 어쩌면 데이브는, 자신만의 상처와 상실의 이야기들을 나누려고 계속 편지를 쓰고 전화를 해 오는 그 많은 사람들에게 격려와 소망을 전할 삶인지도 모르는 것입니다.

그래서 재니스와 데이브는 그 삶을 받아들였습니다.

먼저 창립했던 데이브 드라베키재단은 곧, 데이브 드라베키소망봉사단Dave Dravecky's Outreach of Hope으로 이름을 변경했습니다. 드라베키 부부는 그동안 자신들이 맞서온 같은 종류의 싸움에 직면한 이들에게 위안과 격려와 소망을 전할 수 있는 새로운 방안을 모색하기 시작했습니다.

소망봉사단을 시작한 이후, 하나님께서는 데이브와 재니스의 선교 활동을 크게 축복하시고 몇 배의 열매를 맺게 해 주셨습니다. 그들은 개인적으로 격려가 필요한 암환자들과 사지절단 장애인들에게 예수 그리스도의 사랑으로 지속적인 왕래와 소통을 시도하고 있습니다. 또한 예수님을 본받아 상처 받고 아파하는 이들에게 다가가도록 다른 크리스천들에게 도전을 주고 격려하고 또 훈련하고 있습니다. 또 전국의 건강 전문가들과도 연계하여 암이나 사지절단의 몸을 안고 살아야 하는 환자들의 감정적인 면과 영적인 면을 돌볼 수 있도록

 데이브 드라베키

여러 가지 지원을 하고 있습니다. 그들은 환자들과 환자 가족들을 위한 전국적인 중보기도 모임도 만들었습니다. 기도를 통하여 하나님과 교제하는 성도들의 중요성을 믿고 있기 때문입니다. 책도 여러 권 출간했고, 이웃에 봉사하기 위한 여러 가지 사업들도 추진했습니다.

이들의 가장 큰 최근 프로젝트 가운데 하나는 특히 상처받고 아파하는 사람들을 위해 계획된 특별 편집 성경의 편찬입니다. 드라베키 부부와 절친한 친구인 조니 에릭슨 타다는 「격려의 성경(The Encouragement Bible)」 안에 개인적인 격려와 도움의 글을 싣기도 했습니다.

데이브는 이제 매일 아픔을 겪는 사람들을 만나고 이야기를 듣지만, 더 이상 그것으로 인해 과거의 고통과 아픔이 생각나진 않는다고 말합니다. 대신 하나님께서는 너무나 귀한 교훈을 그에게 보여 주셨기 때문이죠. 이웃을 돕고 격려할수록 그들로부터 더욱 많은 격려를 받는다는 사실입니다.

데이브 드라베키는 여전히 꿈을 꿉니다. 그러나 그것은 이제 나누고 싶은 새로운 꿈입니다. 바로 소망의 꿈, 하나님께서 주시는 소망의 메시지입니다. 이 아름다운 메시지는 "소망봉사단" 팜플렛에 적혀 있는 고린도후서 말씀에 잘 요약되어 있습니다.

"그러므로 우리가 낙심하지 아니하노니 우리의 겉사람은 낡아지나 우리의 속사람은 날로 새로워지도다 우리가 잠시 받는 환난의 경한 것이 지극히 크고 영원한 영광의 중한 것을 우리에게 이루게 함이니 우리의 주목하는 것은 보이는 것이 아니요 보이지 않는 것이니 보이는 것은 잠깐이요 보이지 않는 것은 영원함이라" (고후 4 : 16-18)

그것은 야구가 이룩할 수 있는 것보다 더욱더 위대한 꿈입니다. 바로 하나님께서 모든 사람에게 주시는 말씀에 기초한 귀중한 비전인 것입니다.

 데이브 드라베키

꿈을 ★ 현실로…! 십대들을 위한 **희망 심기**

유명한 지도자들의 삶을 가까이 그리고 자세히 들여다봅시다!
「꿈과비전시리즈」는 거대한 역경을 물리치고, "오늘의 영웅"이 된 평범한 사람들의 이야기를 담고 있습니다.
여러분은 이 용기 있는 사람들의 감동적인 이야기를 읽으며 꿈과 비전을 품게 될 것입니다!

걸프전의 영웅

콜린 파월

미국 최초의 흑인 국무 장관,
합참의장이 된 진정한 선구자의 삶

별명 **해군 제독**

데이비드 로빈슨

샌안토니오 스퍼스의 MVP 센터로
명성과 부와 성공을 이룬 슈퍼스타의 삶

입으로 그리는 화가

조니 에릭슨 타다

뒤얽힌 난관 속에서도 강력한 의지를
발휘해 낸 감동적인 장애인의 삶

크게 생각하라(씽크빅)의 저자

벤 카슨

세계 최초로 삼 쌍둥이 분리 수술과
기적적인 수술들을 성공한 씽크빅 의사의 삶

메이저리그 최고의 투수

데이브 드라베키

암과 왼팔 절단이라는 인생의 가장 힘든 도전을
믿음과 용기로 극복해낸 슈퍼스타의 삶

하나님의 밀수출자

브라더 앤드류

수백만 권의 성경책을 공산주의 나라들과
무슬림 나라들에 목숨 걸고 복음 전한 모험가의 삶

저자 **그레그 루이스**(Gregg Lewis)는 40권 이상의 책을 저술, 혹은 공동 저술했으며 많은 상을 수상했다. 저서로는 벤 카슨 박사와 공동 저술한 「위대한 그림」과 캐롤린 마틴과 공동 저술한 「걷지 못하면 춤을 추어라」(비전북출판사) 등이 있다.

데보라 쇼 루이스(Deborah Shaw Lewis)는 10권이 넘는 책을 출간한 저자와 교사로서 일해 왔다. 전문적인 이야기 작가이기도 하며, 모성 권리와 가족 문제에 관심이 많고, 유아기 아동 발달 부문에서 석사 학위를 받았다. 그녀와 그레그는 다섯 아이들의 부모다.

역자 박가영은 기독교 출판계에서 10여 년 가까이 번역을 해 온 전문 번역자로서 「영적인 열정을 회복하라」, 「영혼이 성장하는 리더」, 「무너진 세계를 재건하라」 등을 번역했다.

비전북 출판사는 오직 믿음으로만 살았던 개혁 신앙을 계승 발전시키고
다시 오실 주님의 길을 예비하는 마음으로 21세기에도 역동적인 신앙을 세우는데
꿈과 비전을 품고 예배와 삶의 일치를 이루는 출판 공동체입니다.

데이브 드라베키

저자 : 루이스 부부 / 역자 : 박가영
발행처 : **비전북출판사**
전화 : (02)966-3090 / 팩스 : (02)3293-6620
공급처 : **비전북**
전화 : (031)907-3927 / 팩스 : (080)403-1004

값 4,000원

예배와 삶의 일치